Weihnachtliche HÄKEL Figuren

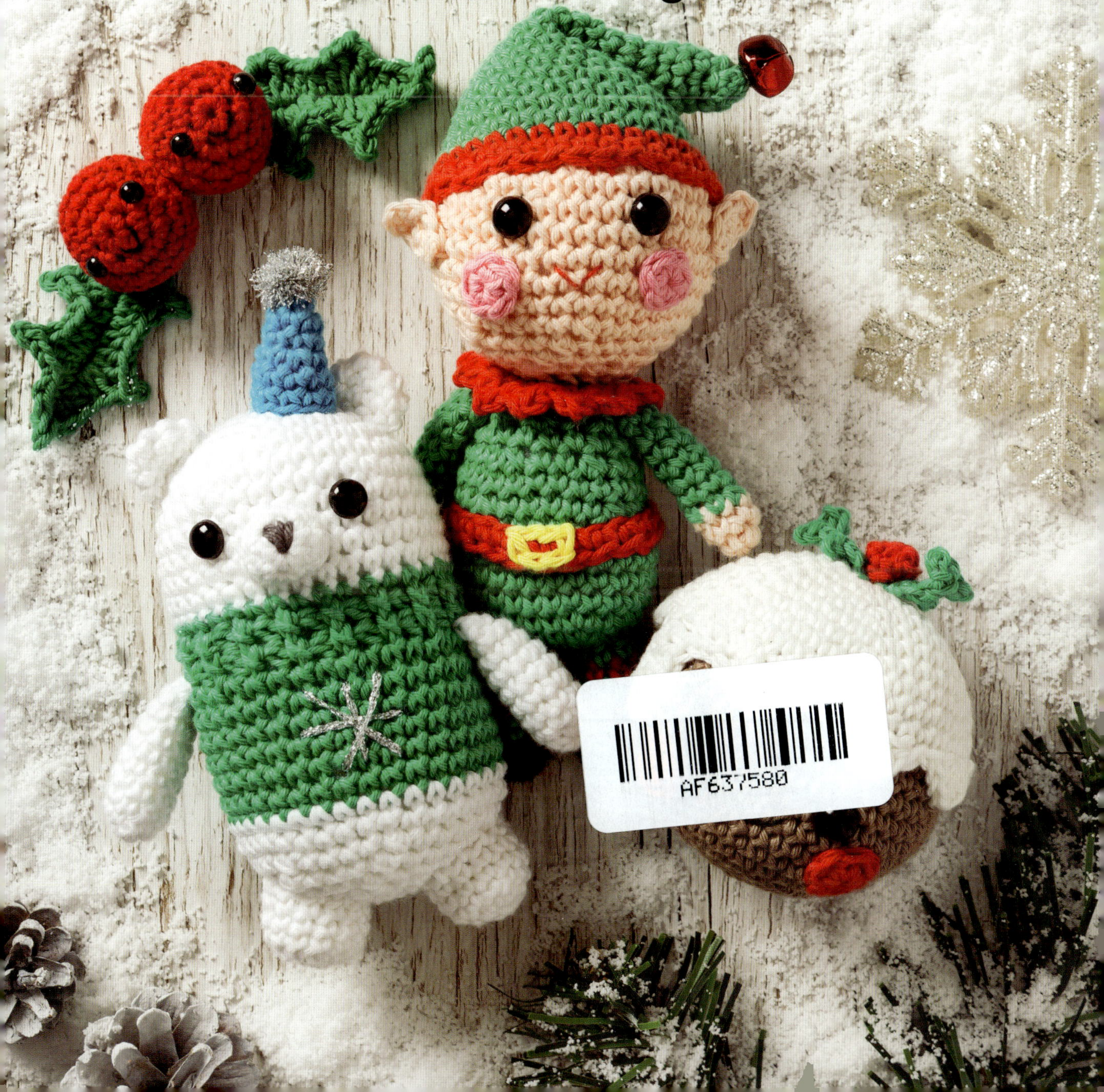

Widmung

An alle, die mir dieses Buch zugetraut haben.

Danksagung

Ich danke dem Team von Search Press, vor allem May Corfield und Katie French. Vielen Dank auch an Rico Design und Sirdar, die mir für dieses Buch das Garn zur Verfügung gestellt haben. Und vielen Dank an meine Familie, Freunde und Kollegen, die es hinnehmen mussten, dass ich mit meinen Häkelarbeiten umhergezogen bin.

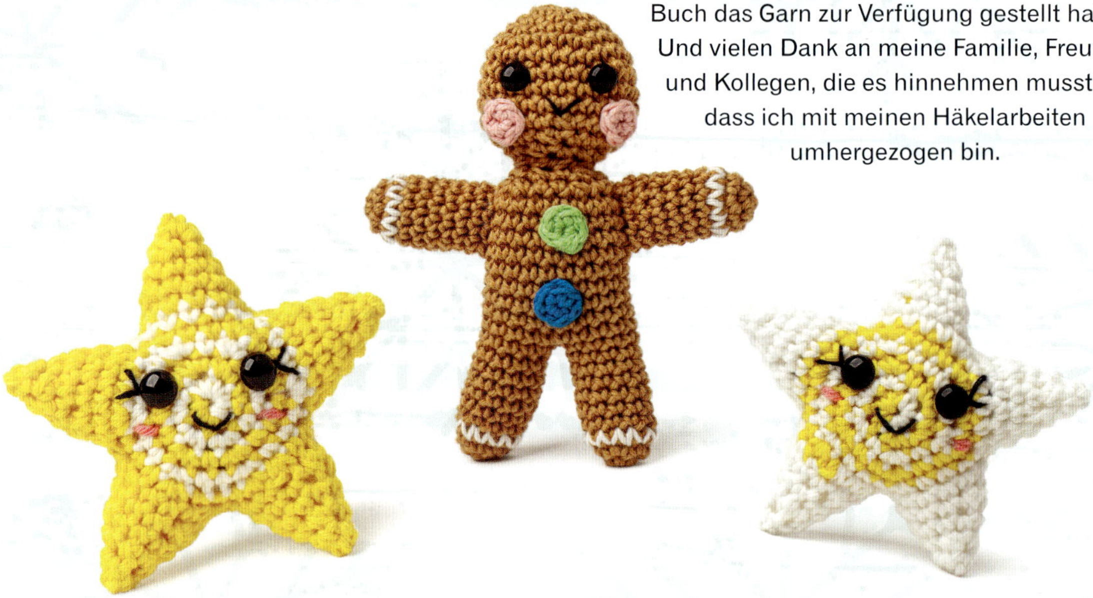

Impressum

Originalausgabe unter dem Titel Amigurumi Christmas: 20 Super-Cute Kawaii Crochet Projects for the Festive Season erschienen bei:

Fotografie Mark Davison, Search Press Studios: S. 2, 10–29, 32, 33, 34, 38, 39, 40, 41, 44, 45, 46, 47, 49, 58, 61, 62, 68, 69, 70, 72, 73, 74, 76, 78, 79, 80, 84, 86, 88, 89, 92, 93
Fotografie Stacy Grant: Cover, S. 1, 3, 4, 5, 6–7, 9, 30–31, 33, 37, 43, 48, 51, 53, 55, 57, 59, 60, 63, 65, 67, 71, 75, 77, 81, 83, 85, 87, 91, 94–95, 96
Fotografie und Gestaltung © Search Press Ltd 2020

Für die deutsche Ausgabe:
Produktmanagement: Xenia Kuczera
Übersetzung: Dr. Katrin Korch, www.literatur-und-mehr.de
Lektorat: A. Reuß
Satz: Martin Jablonka
Umschlaggestaltung: Leeloo Molnár
Herstellung: Bettina Schippel, Kathleen Baumann
Printed in China

Die Deutsche Nationalbibliothek verzeichnet diese Publikation in der Deutschen Nationalbibliografie; detaillierte bibliografische Daten sind im Internet über http://dnb.d-nb.de abrufbar.

ISBN 978-3-8410-6651-0

Sarah-Jane Hicks

Weihnachtliche HÄKEL Figuren

20 supersüße Amigurumi zum Selbermachen

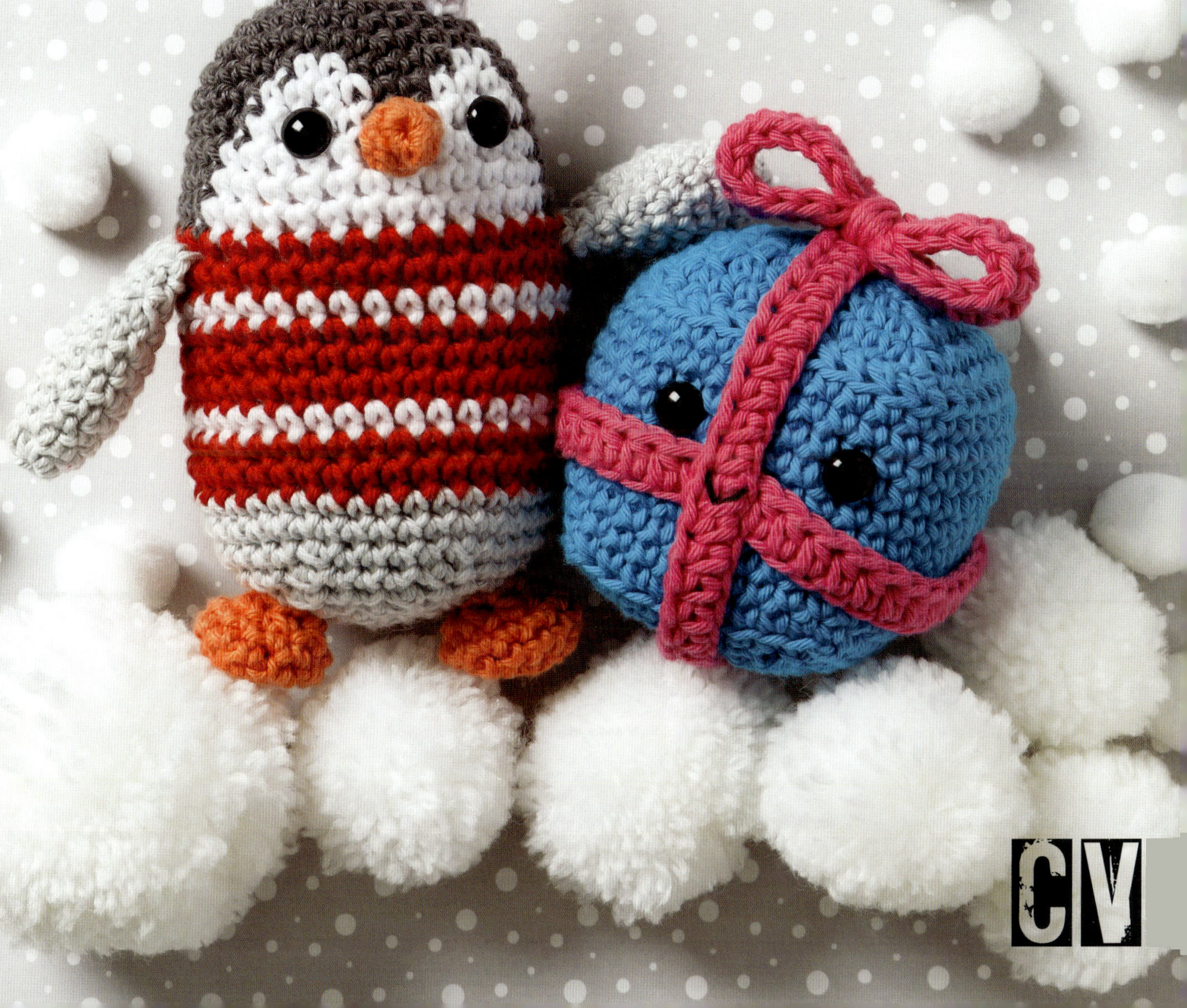

Inhalt

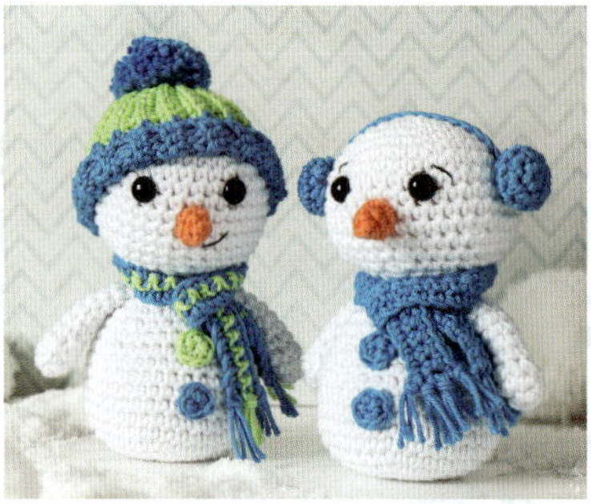

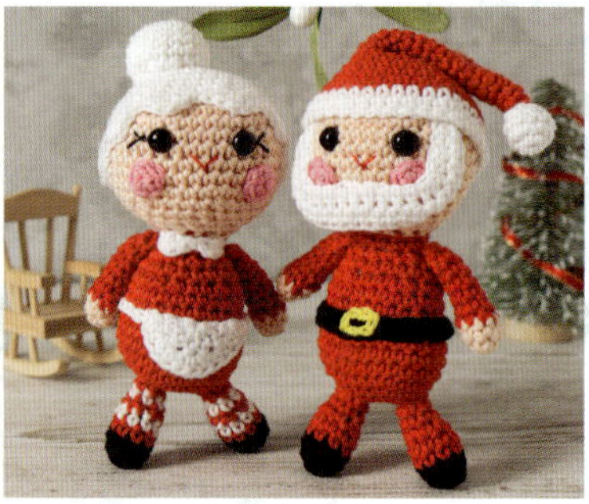

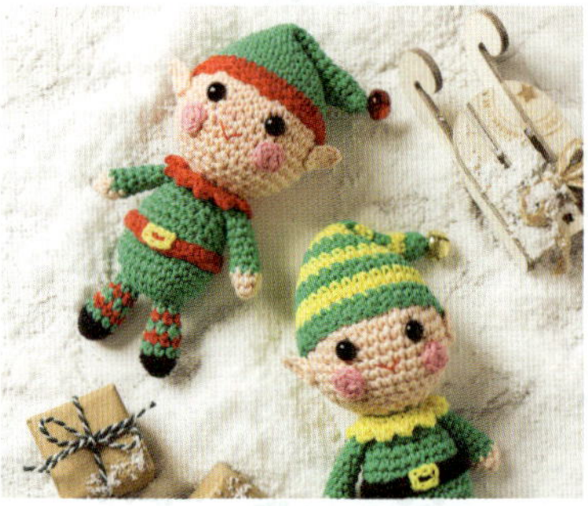

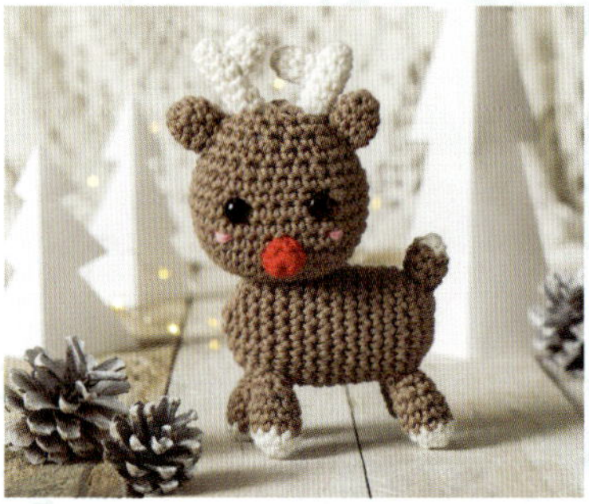

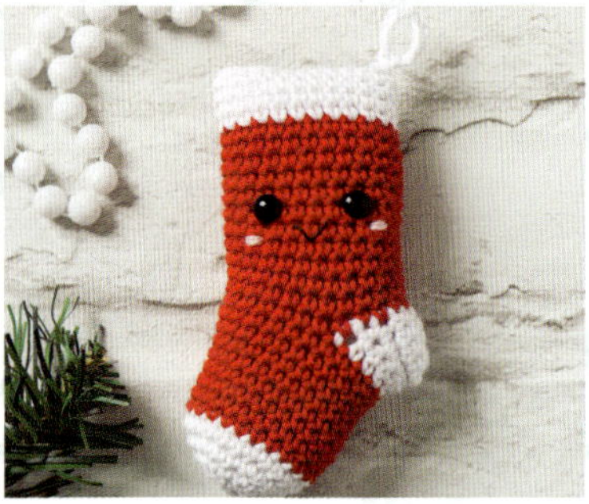

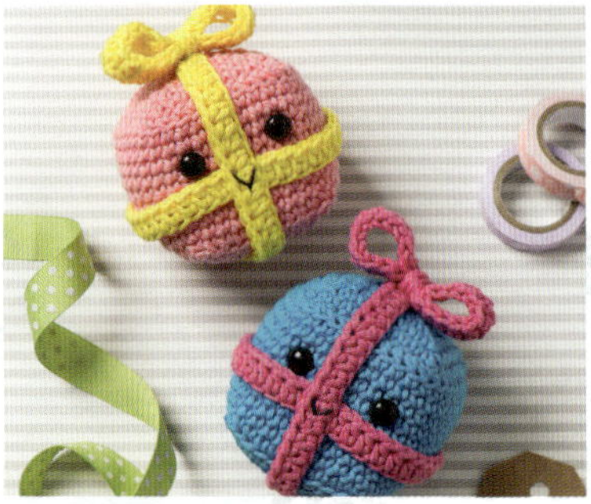

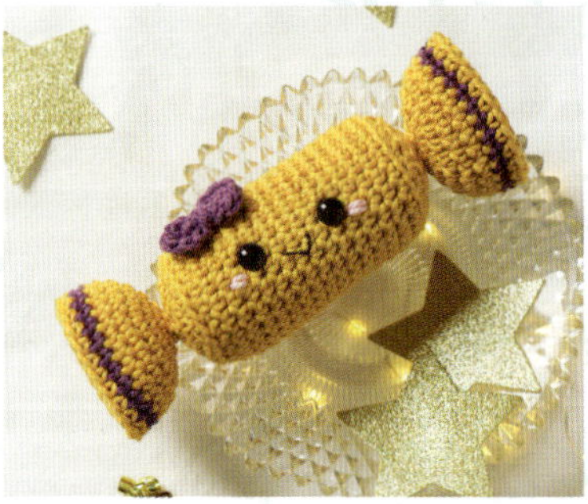

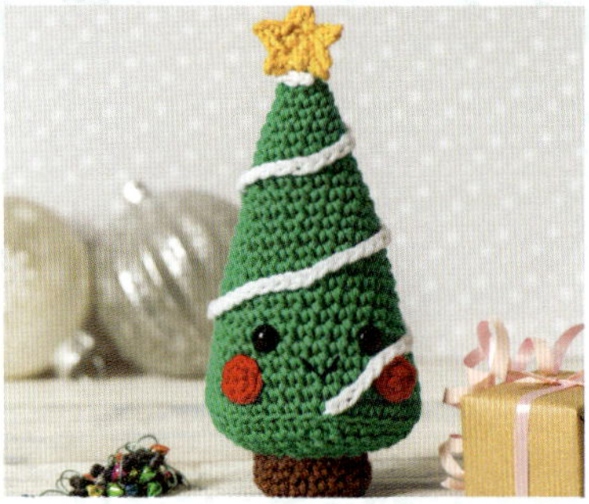

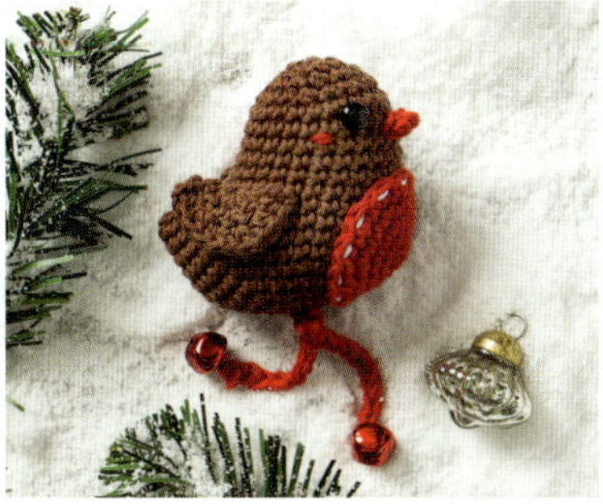

ROTKEHLCHEN, SEITE 59

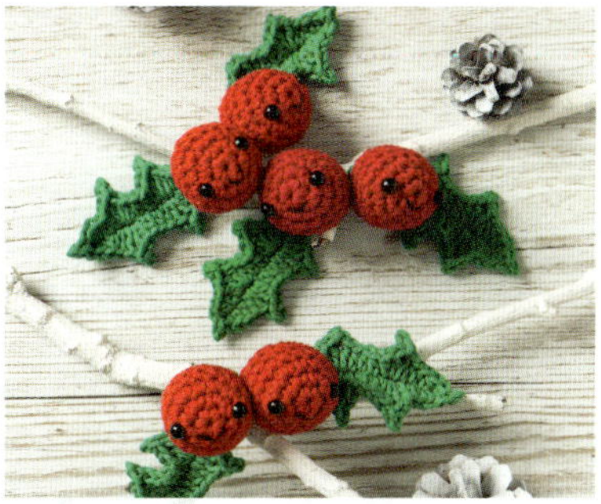

ILEX MIT ROTEN BEEREN, SEITE 62

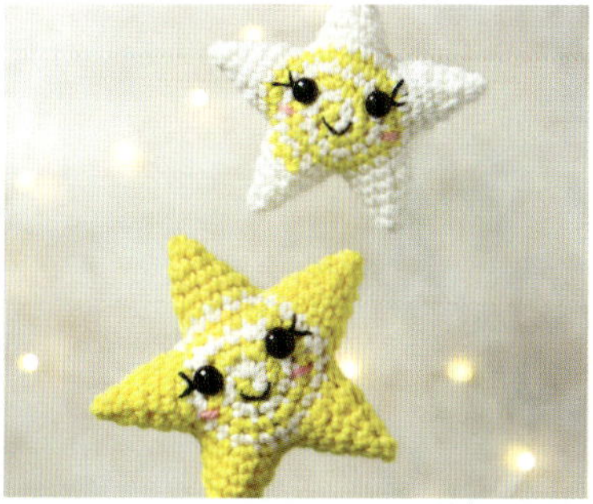

WEIHNACHTSSTERN, SEITE 64

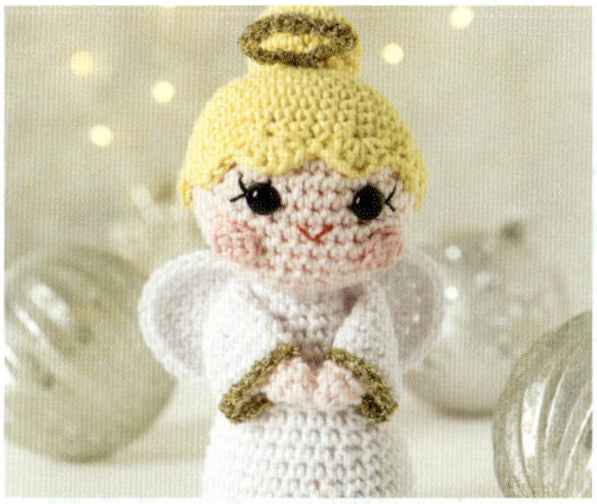

ENGEL, SEITE 66

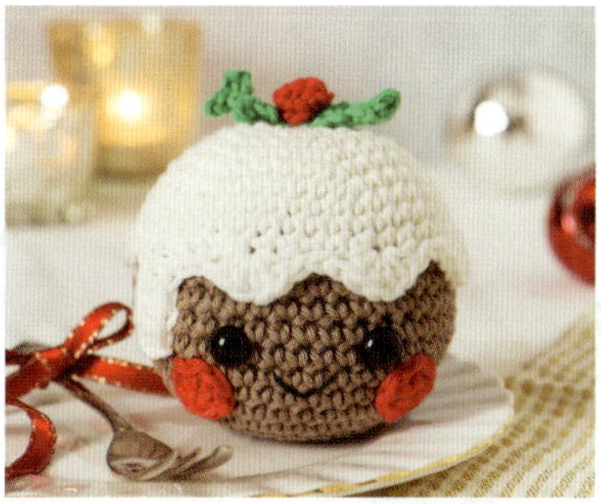

LECKERES TÖRTCHEN, SEITE 70

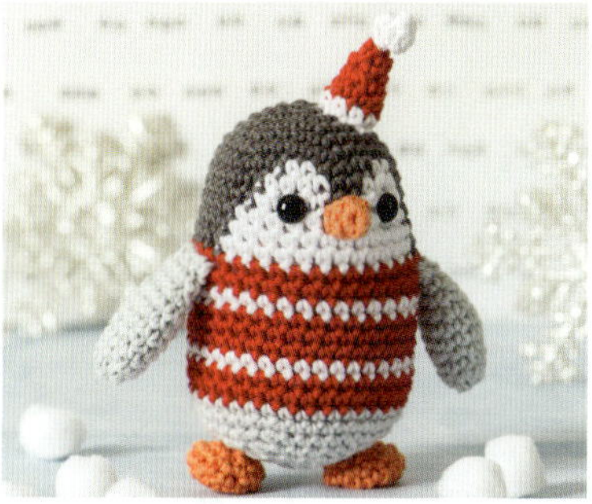

PINGUIN, SEITE 73

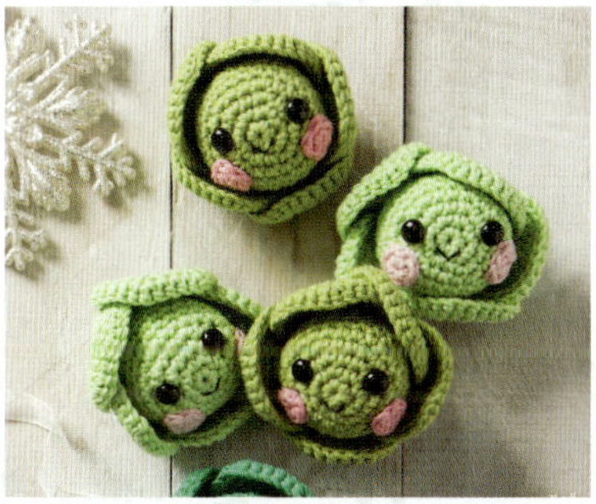

ROSENKOHL, SEITE 76

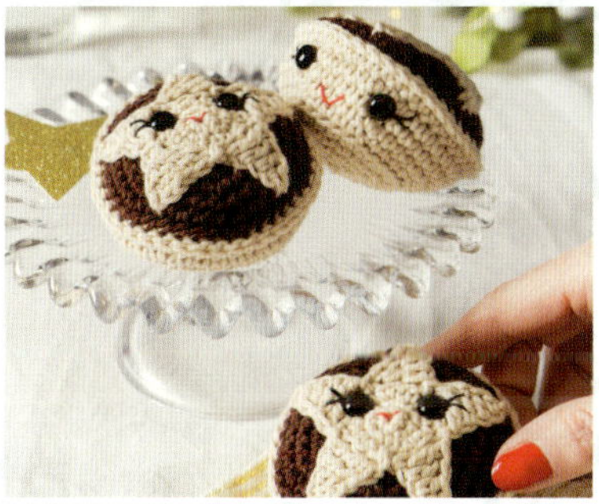

WEIHNACHTSPASTETCHEN, SEITE 79

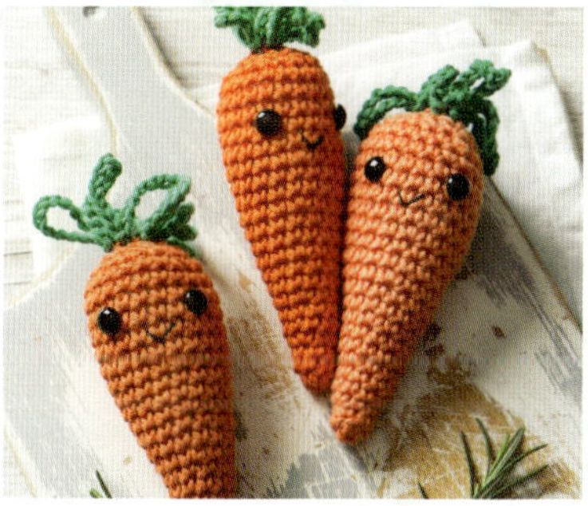

KAROTTEN, SEITE 82

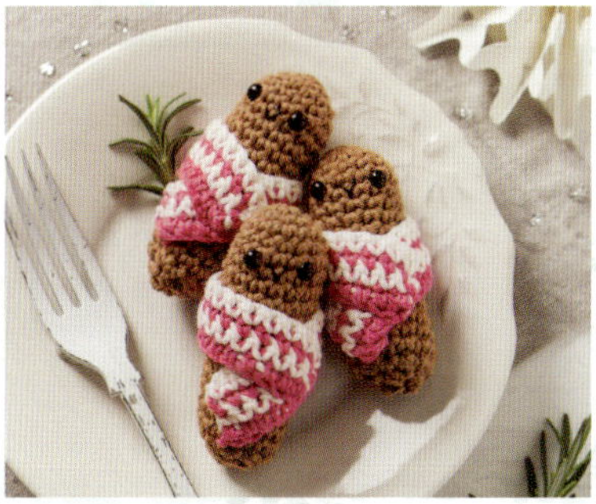

WÜRSTCHEN IM SPECKMANTEL, SEITE 84

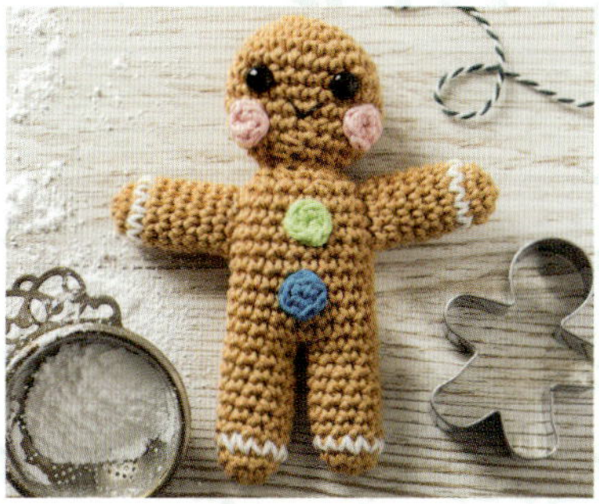

LEBKUCHENMANN, SEITE 86

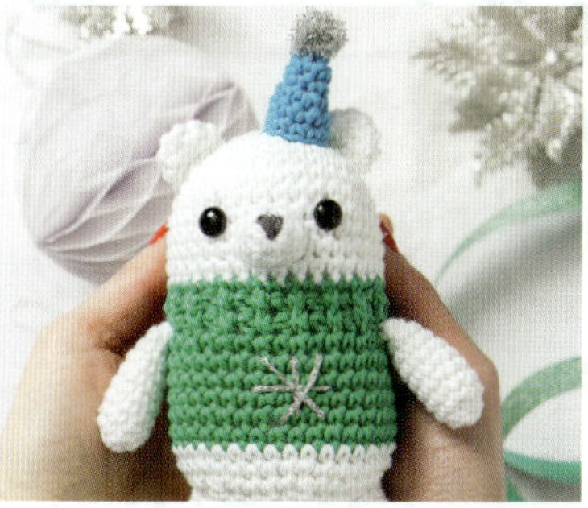

EISBÄR, SEITE 90

Einleitung

Dies ist mein erstes Buch – ich hoffe, es gefällt dir! Ich liebe Häkeln und möchte andere ebenfalls dazu inspirieren. Schon als junges Mädchen habe ich damit angefangen, meine Mutter und meine Oma brachten es mir bei. Der Gedanke, dass es sich dabei um ein von Generation zu Generation weitergereichtes Wissen handelt, gefällt mir sehr. Aber egal wie du es lernst, es kommt ja darauf an ein Hobby zu haben, etwas Kreatives, das dir Spaß und dich glücklich macht.

Ich wollte ein Buch mit hübschen Häkelprojekten erstellen, die dich durch nette Details zum Schmunzeln bringen. So sind 20 süße weihnachtliche Amigurumi entstanden, die einfach und witzig sind und von jedem, der schon etwas häkeln kann, gut nachzuarbeiten sind. Die meisten Modelle werden mit einfachen Häkelmaschen angefertigt. Die fertigen Amigurumi sind bunt und lustig und können als Spielzeug oder zur Dekoration verwendet werden.

Du kannst sie selbst behalten oder an Verwandte und Freunde, Kinder wie Erwachsene, verschenken. Wenn du sie an Kinder unter 3 Jahren abgeben möchtest, beachte, dass es dann sicherer ist, die Augen aufzusticken anstatt Sicherheitsaugen einzusetzen.

Lass deiner Fantasie freien Lauf und verwende auch mal anderes Garn oder andere Farben ... Füge dem Pinguin pinke Ohrenschützer hinzu oder häkele dem Schneemann einen Weihnachtshut; schmücke den Ilex mit Geschenken; verbinde die Rosenkohlröschen und Würstchen im Speckmantel zu einer Girlande oder fertige Weihnachtskugeln aus den Köpfen des Schneemanns oder des Weihnachtselfs.

Wofür auch immer du dich entscheidest, ich wünsche dir viel Freude dabei!

Viel Spaß beim Häkeln!

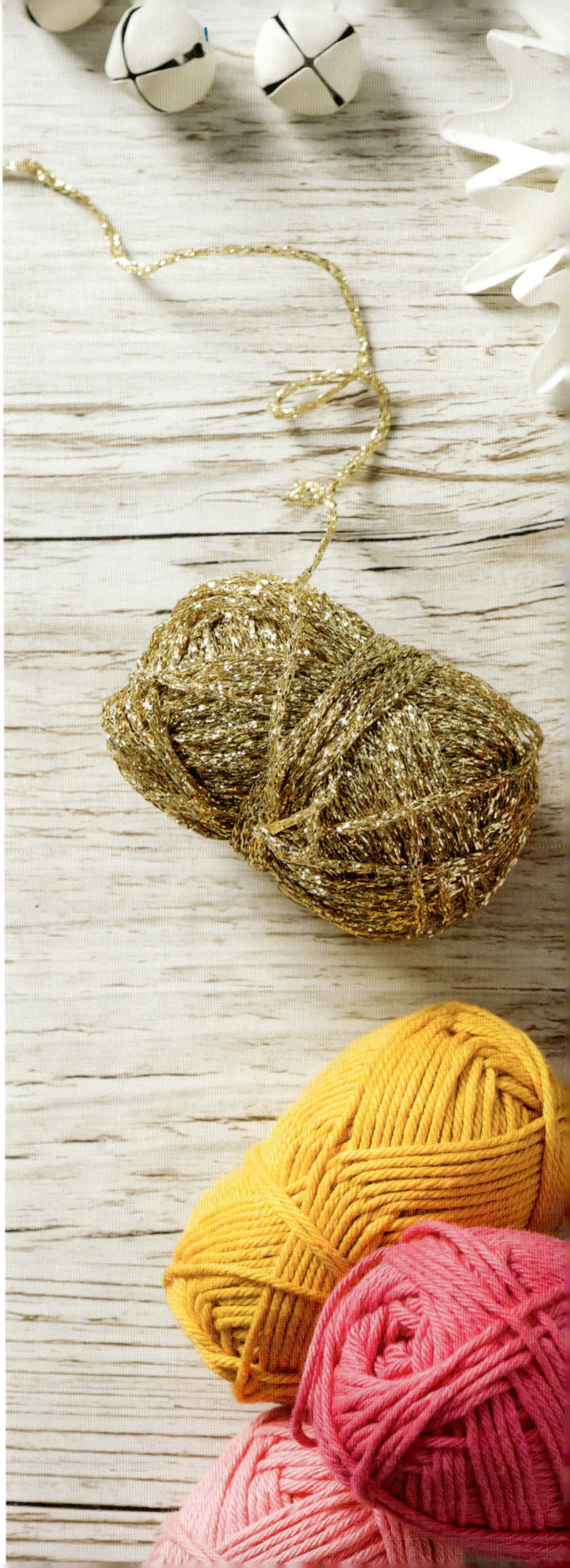

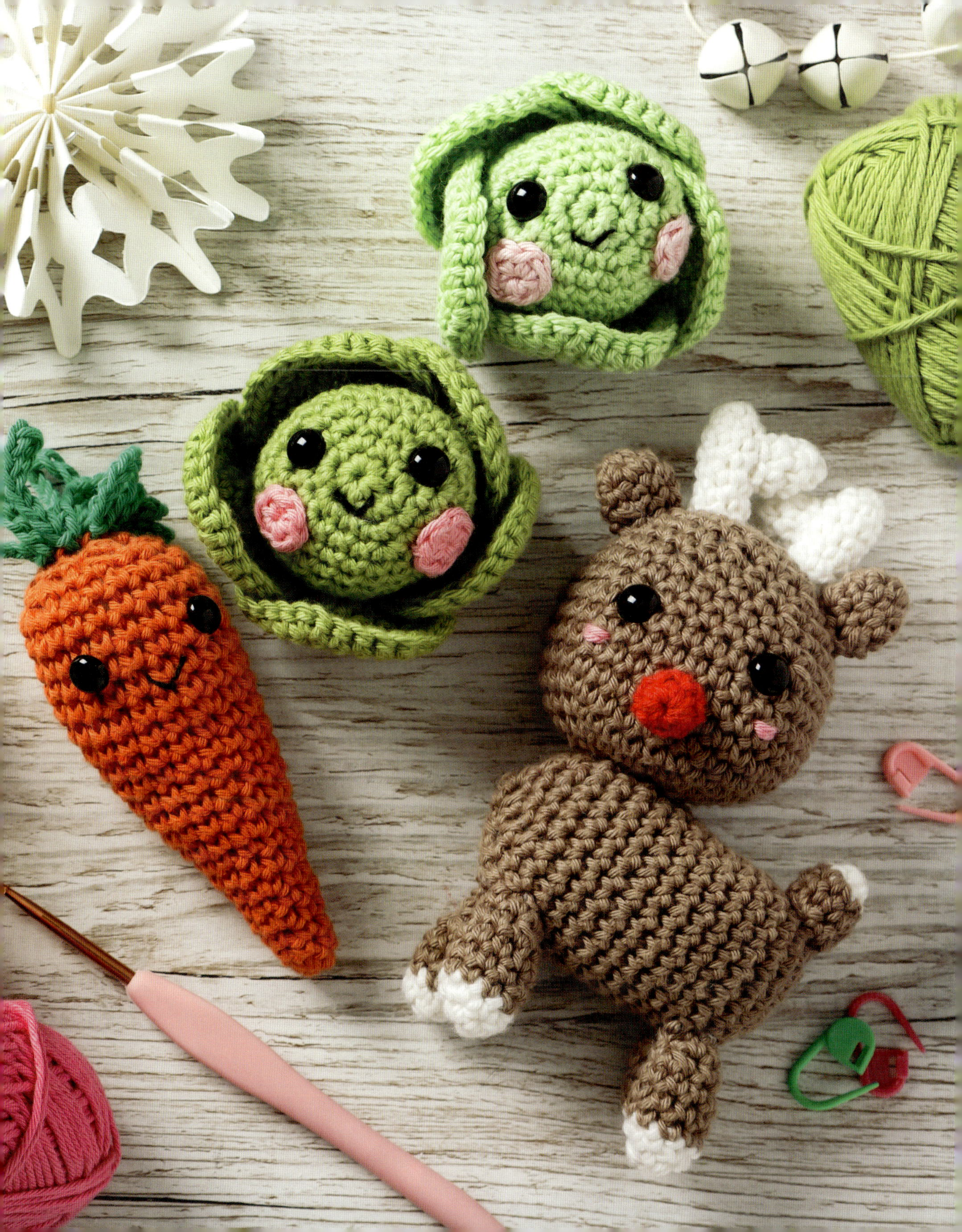

Material & Zubehör

Garn

Für die Projekte in diesem Buch habe ich leichtes Baumwollgarn in eln Knäulen von 20 oder 25 Gramm verwendet. Dieses eignet sich hervorragend für die kleinen Amigurumi. Wenn anderes Garn genutzt wird, kann, je nach Stärke oder Elastizität, die Größe der Amigurumi von den gezeigten Modellen abweichen. Für kleinere Amigurumi nimmt man dünneres, für größere dickeres Garn. Beachte, dass dann die Stärke der Häkelnadel entsprechend angepasst werden muss.

Häkelnadel

Hier wurde stets mit einer Häkelnadel 3,5 mm gearbeitet. Falls dein Stichbild jedoch etwas lockerer und daher das Füllmaterial durch die Maschen hindurch zu sehen ist, solltest du zu einer kleineren Nadel wechseln. Häkelnadeln gibt es aus verschiedenen Materialien, nimm eine, mit der du gut zurechtkommst und die gut in der Hand liegt.

Weiteres Material und Zubehör

Mit Sicherheitsaugen in den Größen 6 mm, 9 mm und 10 mm wurden die Figuren zum Leben erweckt. Die Augen und Unterlegscheiben sind robust und kindersicher. Dennoch sollten die Augen lieber aufgestickt werden, wenn die Amigurumi an Kinder unter 3 Jahren verschenkt werden.

Die Figuren wurden mit Füllmaterial aus Polyester gestopft. Das ist weich, sauber und waschbar. Du kannst recycelte Füllwatte aus Polyester nehmen oder auch natürliche Wollfüllung, die für Allergiker geeignet und biologisch abbaubar ist.

Für die aufgestickten Details habe ich sechsfädigen Baumwollsticktwist in Schwarz und Rot verwendet. Ich habe die Stränge geteilt und die Münder, Wimpern und Augenbrauen mithilfe einer Sticknadel mit drei Fäden aufgestickt.

An die Hüte der Weihnachtselfen habe ich ein 10 mm großes Metallglöckchen in Gold und Rot, an die Füße des Rotkehlchens rote Glöckchen genäht.

Für den Bommel an der Mütze des Schneemanns wurde ein Pompon-Maker in der Größe 35 mm verwendet.

Zum Zusammennähen der Einzelteile benötigt man eine Tapisserienadel und eine scharfe Schere zum Abschneiden des Fadens.

Maschenmarkierer sind praktisch, um das Ende oder den Anfang einer Runde zu kennzeichnen, wenn man in Spiralrunden arbeitet.

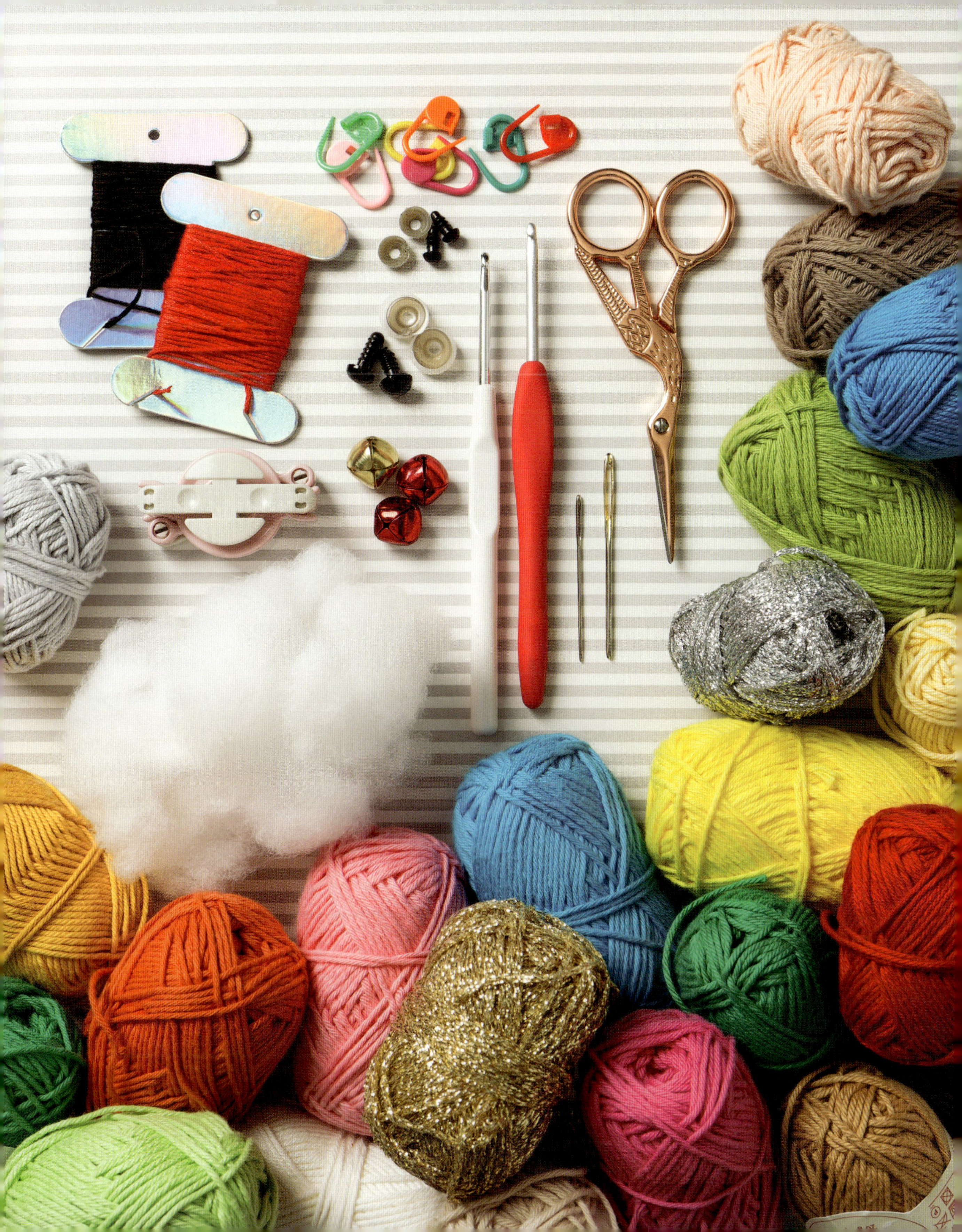

Grundtechniken

Hinweise und Tipps

1 Am häufigsten wird in festen Maschen gehäkelt: Dafür mit der Häkelnadel in die nächste Masche einstechen, den Faden um die Nadel legen und durchziehen (zwei Schlingen auf der Nadel), den Faden um die Nadel legen und durch beide Schlingen ziehen. Die feste Masche ist fertig. Diese Masche wird gerne verwendet, weil sie eine gleichmäßige dichte Fläche bildet und das Füllmaterial nicht durchblitzt.

2 Die Projekte in diesem Buch werden, wenn nicht anders vermerkt, in Spiralrunden gearbeitet.

3 Die Fadenenden können beim Zusammennähen und Ausstopfen der Teile nach innen gezogen werden, so braucht nicht so viel vernäht werden. Siehe dafür den Abschnitt „Eine Öffnung schließen" auf Seite 14 und 15.

Hinteres und vorderes Reliefstäbchen (hReliefStb und vReliefStb)

Mit diesen Maschen kann man einem Häkelstück Volumen verleihen. Ich habe sie beim Eisbären verwendet. Das „Relief" ergibt sich dadurch, dass die Masche auf der Hinterseite oder auf der Vorderseite der Arbeit etwas plastisch hervorsteht.

Hinteres Reliefstäbchen (hReliefStb)

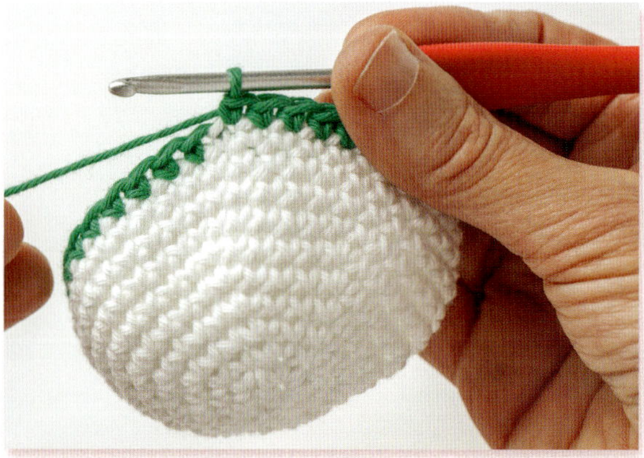

1 Zuerst in Grün eine Runde feste Maschen häkeln.

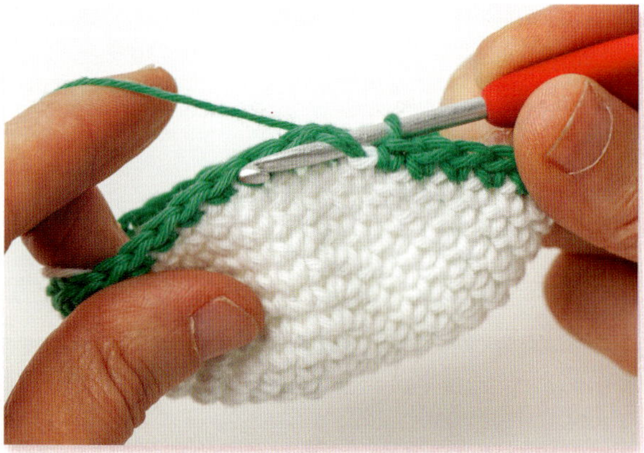

2 Mit der Häkelnadel von hinten nach vorne um den Maschenkörper der Vorrunde einstechen.

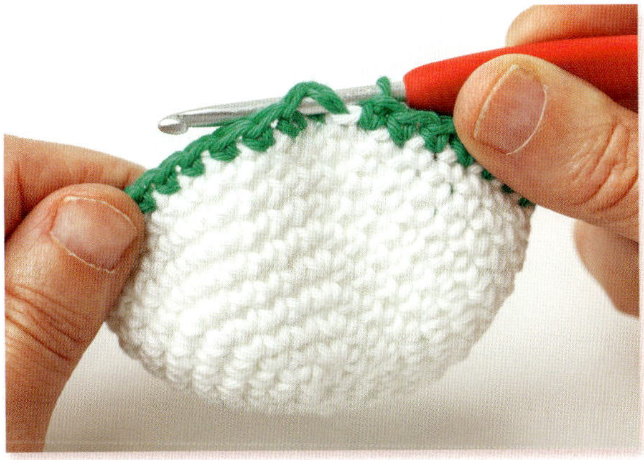

3 Dann die Nadel von vorne nach hinten einstechen, sodass sie über der vorderen Masche liegt.

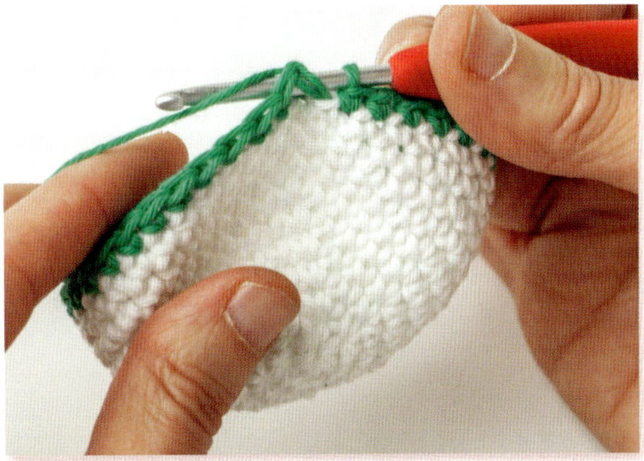

4 Den Faden um die Nadel legen.

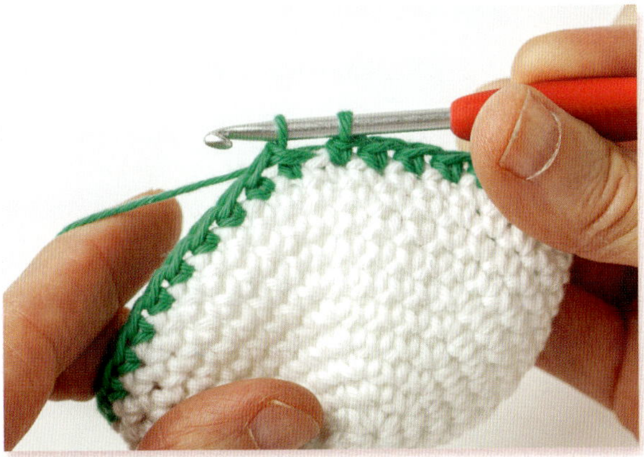

5 Den Faden durchziehen und damit um den Maschenkörper ziehen. Jetzt liegen zwei Schlingen auf der Nadel.

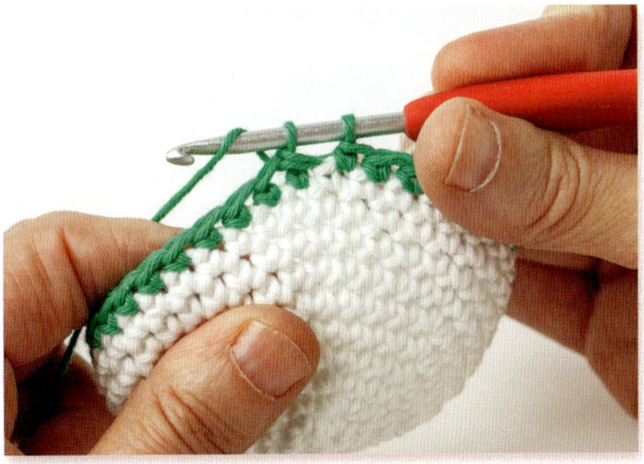

6 Den Faden um die Nadel legen.

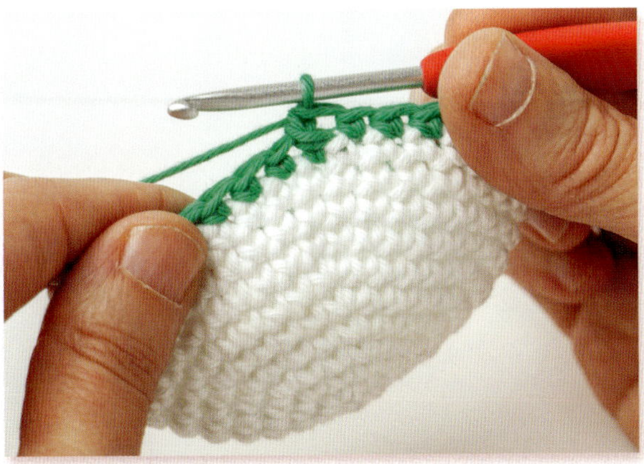

7 Den Faden durch beide Schlingen auf der Nadel ziehen. Jetzt ist ein hinteres Reliefstäbchen (hReliefStb) fertig.

Vorderes Reliefstäbchen (vReliefStb)

Diese Masche wird im Prinzip genauso wie das hintere Reliefstäbchen gehäkelt. Der Unterschied liegt darin, dass man hier nicht von hinten um den Maschenkörper häkelt, sondern von vorne.

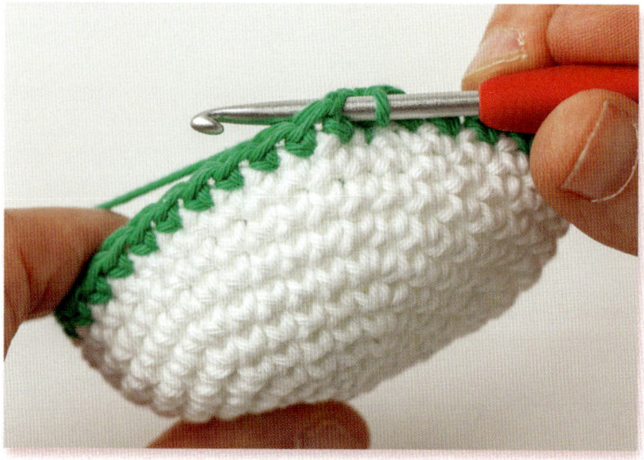

1 Die Häkelnadel von vorne nach hinten hinter den Maschenkörper der Vorrunde einstechen.

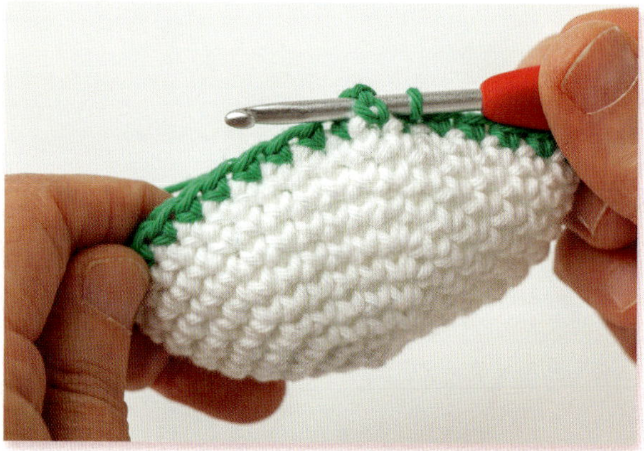

2 Die Nadel nach vorne legen, sodass sie hinter der Masche liegt.

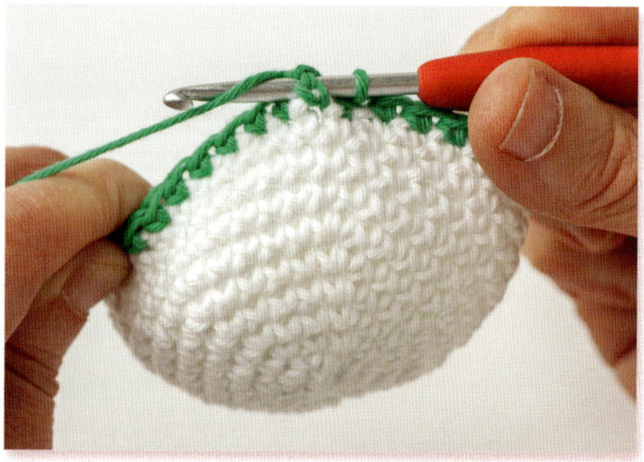

3 Den Faden um die Nadel legen.

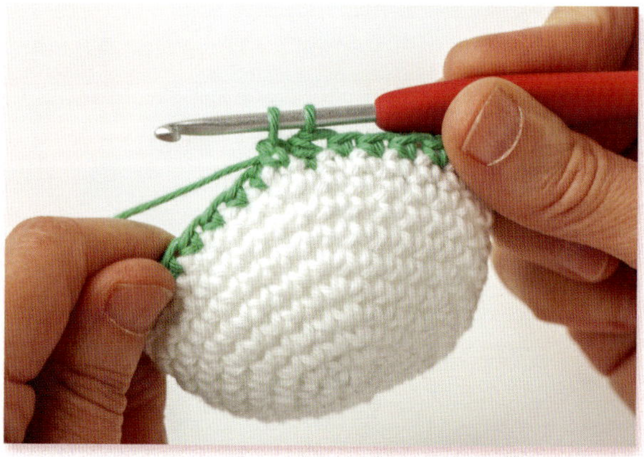

4 Den Faden durchziehen und damit um den Maschenkörper ziehen. Jetzt liegen zwei Schlingen auf der Nadel.

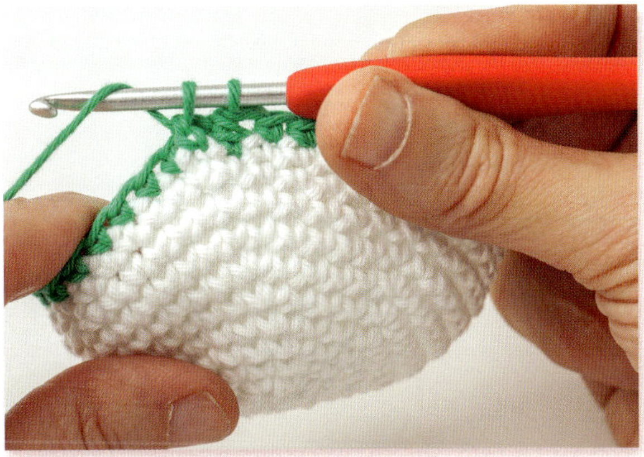

5 Den Faden um die Nadel legen.

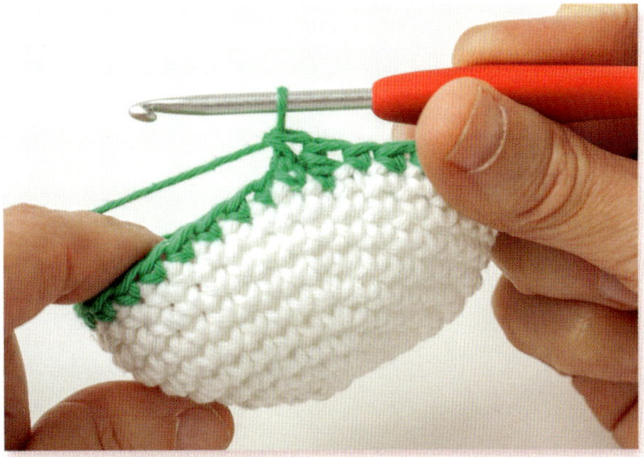

6 Den Faden durch beide Schlingen auf der Nadel ziehen. Jetzt ist ein vorderes Reliefstäbchen (vReliefStb) fertig.

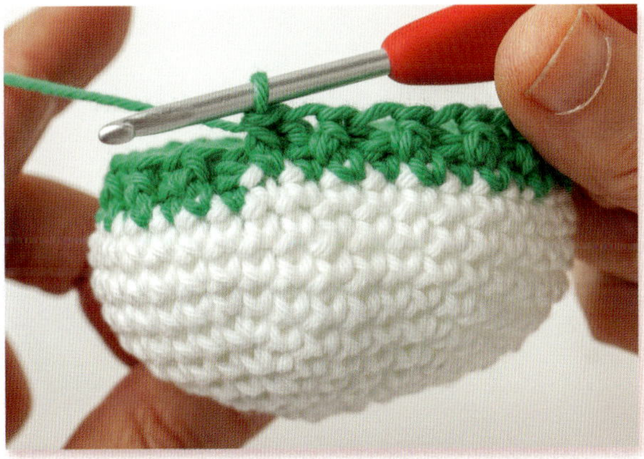

7 Werden in einer Reihe abwechselnd hintere und vordere Reliefstäbchen gehäkelt, bekommt die Fläche ein voluminöses Erscheinungsbild.

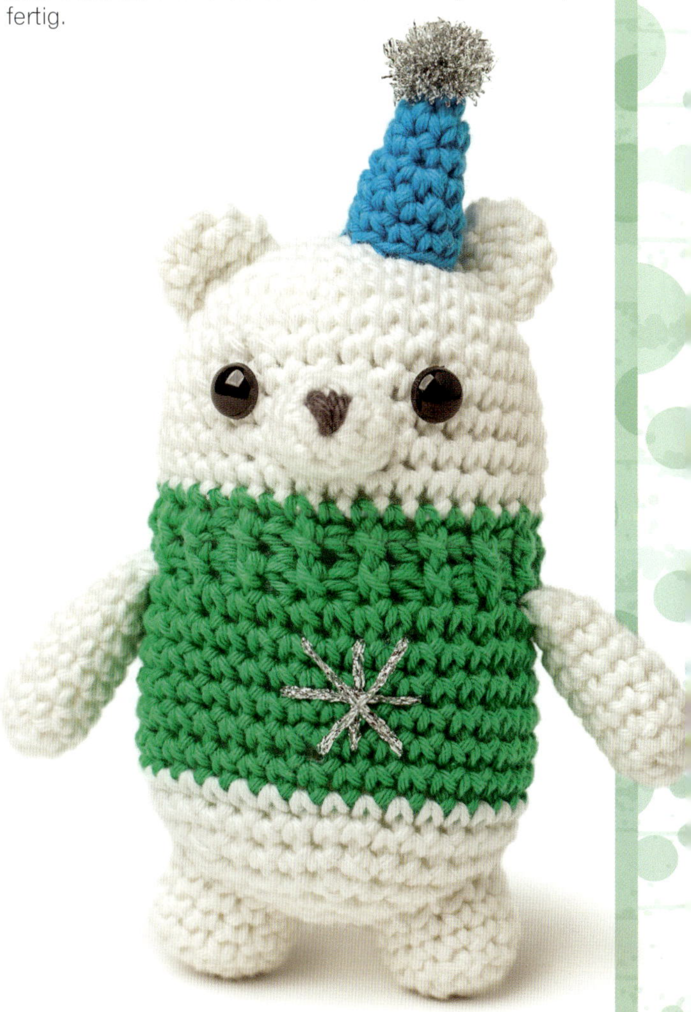

Die Runden am Hals des Eisbären (siehe rechts) zeigen, welchen Effekt man mit hinteren und vorderen Reliefstäbchen erzielen kann.

Eine Öffnung schließen

Diese Technik wird für das Zusammennähen der Rosenkohlröschen, Schließen des Rotkehlchenkopfes oder anderer Öffnungen angewandt.

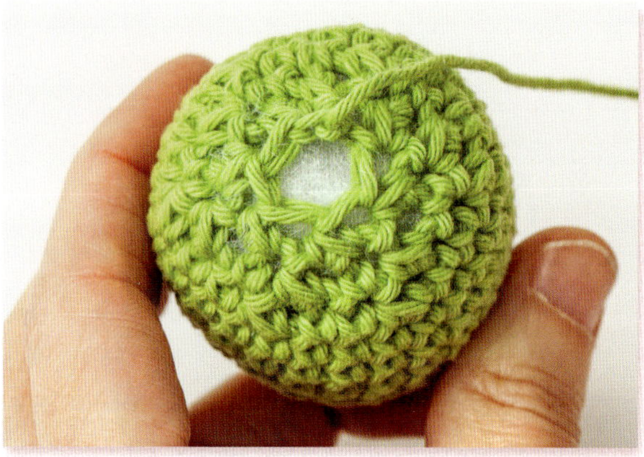

1 Zuerst sollte das Teil, das geschlossen werden soll, ausreichend ausgestopft sein. Dann den Faden in eine Tapisserienadel fädeln.

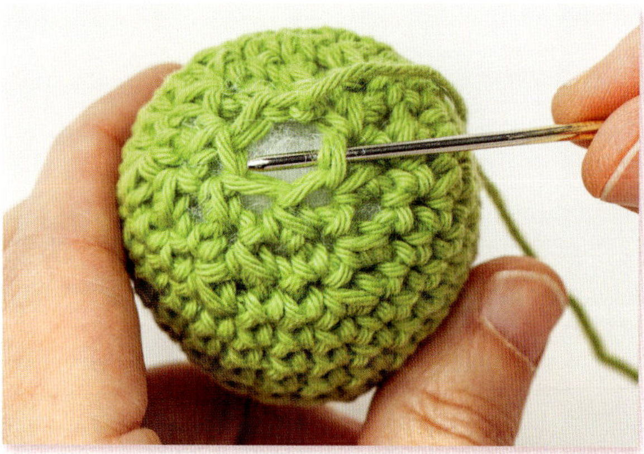

2 Die Nadel in die beiden Schlingen der nächsten Masche führen.

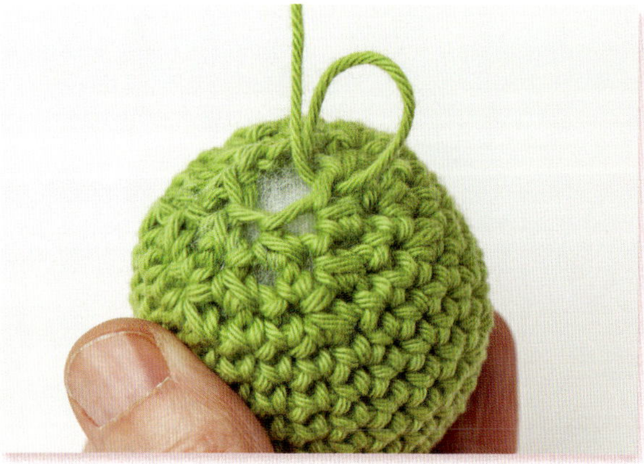

3 Die Nadel durchziehen.

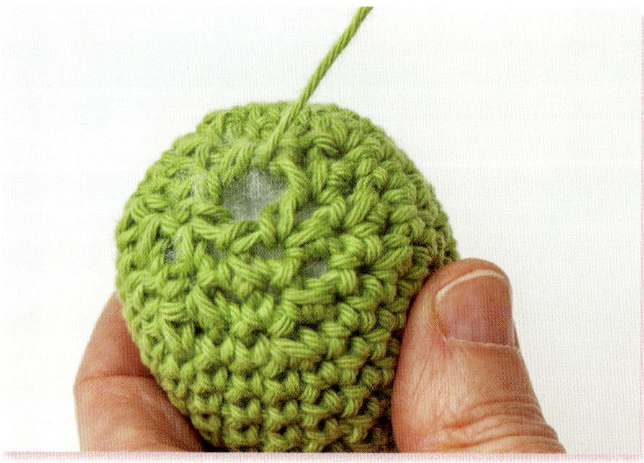

4 Die Schritte 2 und 3 bis zum Ausgangspunkt wiederholen.

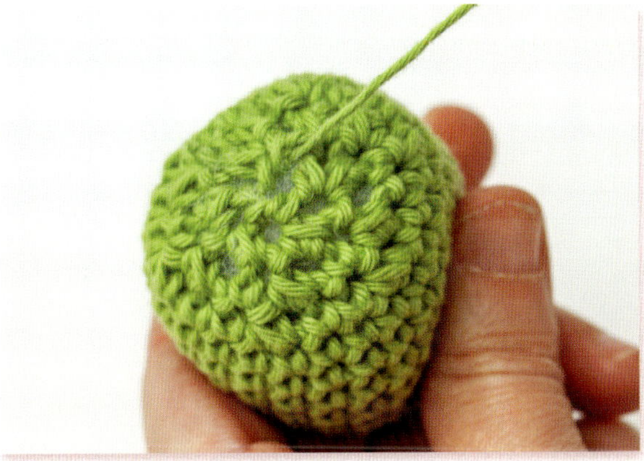

5 Den Faden fest anziehen, sodass sich die Öffnung schließt. Aber nicht zu straff ziehen, damit sich die Fläche nicht kräuselt.

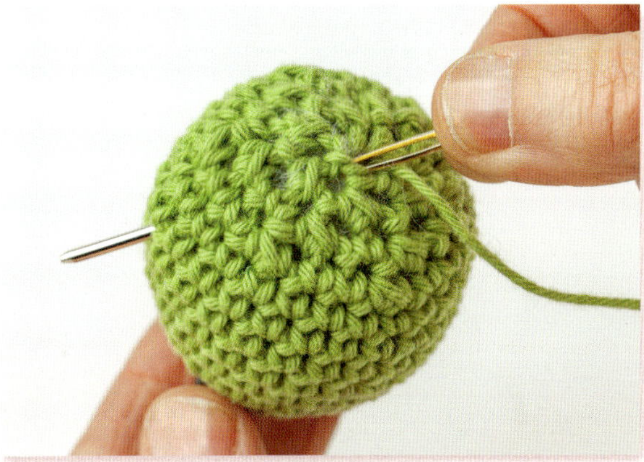

6 Die Nadel durch die Mitte der Öffnung einstechen und an einer Seite wieder ausstechen.

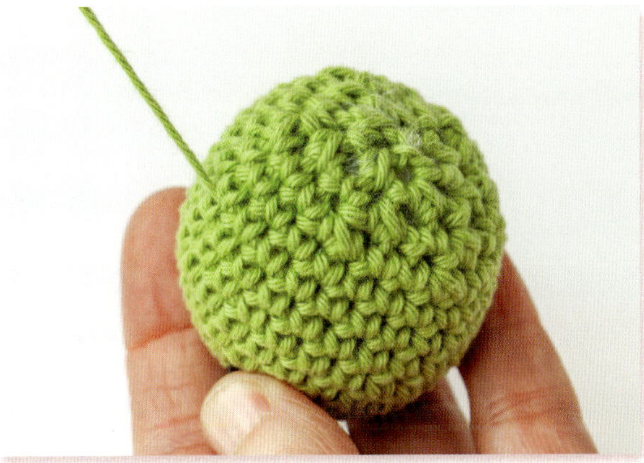

7 Die Nadel herausziehen.

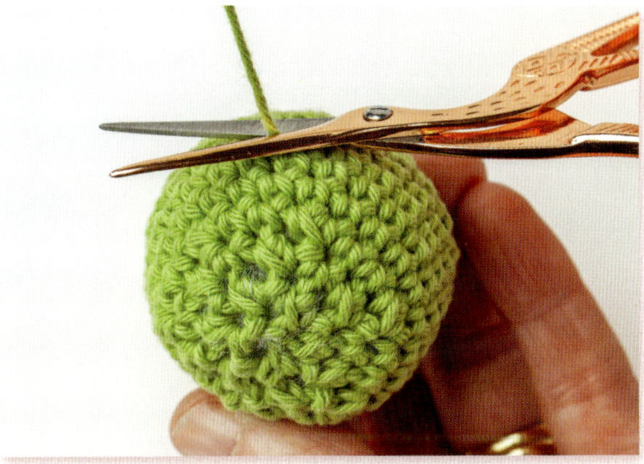

8 Den Faden so dicht wie möglich an der Arbeit abschneiden. Dafür eine scharfe Stickschere verwenden.

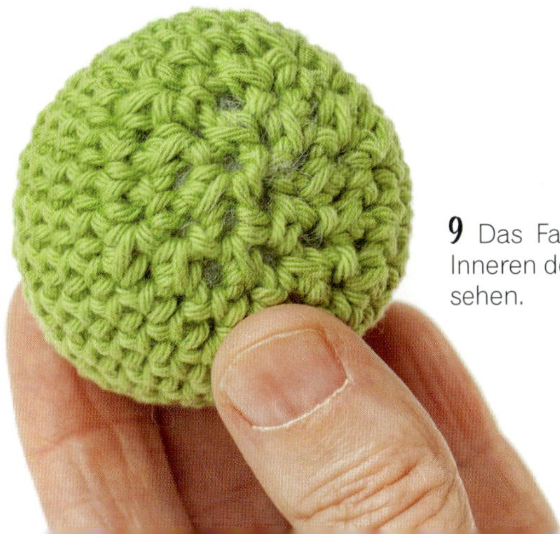

9 Das Fadenende verschwindet so im Inneren der Arbeit und ist nicht mehr zu sehen.

Augen anbringen

Ich habe für alle Figuren in diesem Buch Sicherheitsaugen verwendet. Ihre Position ist jeweils bei der Anleitung angegeben. Zum Beispiel „Sicherheitsaugen zwischen der 8. und 9. Runde im Abstand von 6 M anbringen". Hier noch eine wichtige Anmerkung: An Teilen für Kinder unter 3 Jahren sind Sicherheitsaugen nicht geeignet. Wenn die Figur für ein kleines Kind bestimmt ist, können die Augen einfach mit Garn aufgestickt werden.

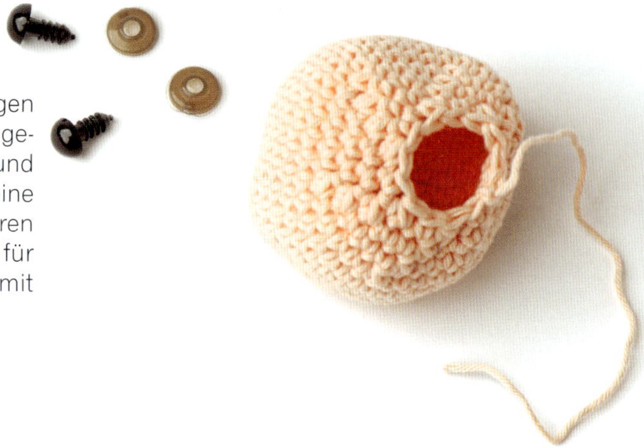

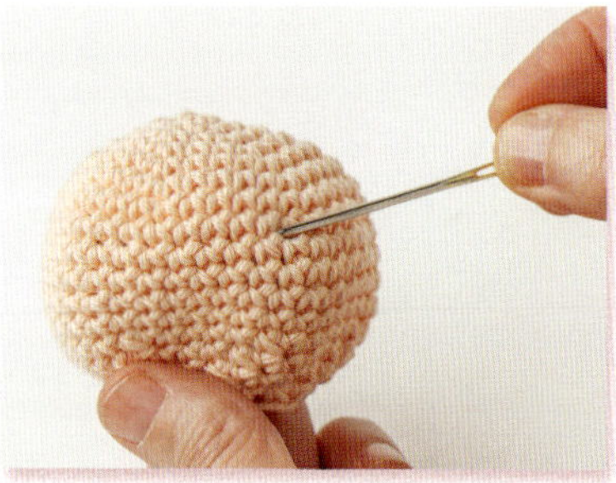

1 Die noch nicht ausgestopfte Arbeit so halten, dass die letzte Masche und der lange Endfaden mittig hinten liegen. Die Position für das erste Auge ermitteln.

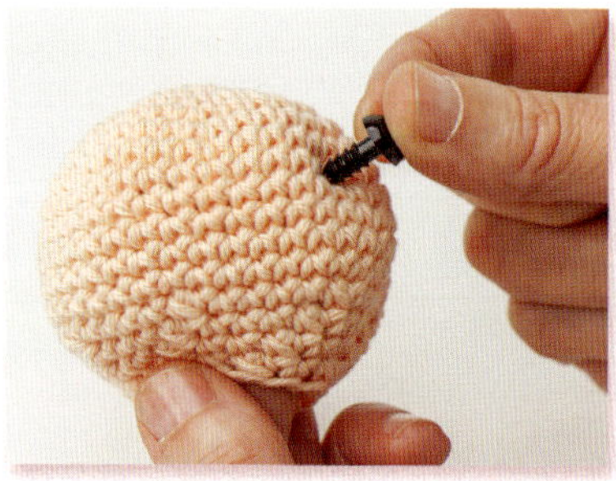

2 Das erste Auge zwischen die in der Anleitung angegebenen Runden, zum Beispiel zwischen die 8. und 9. Runde, stecken.

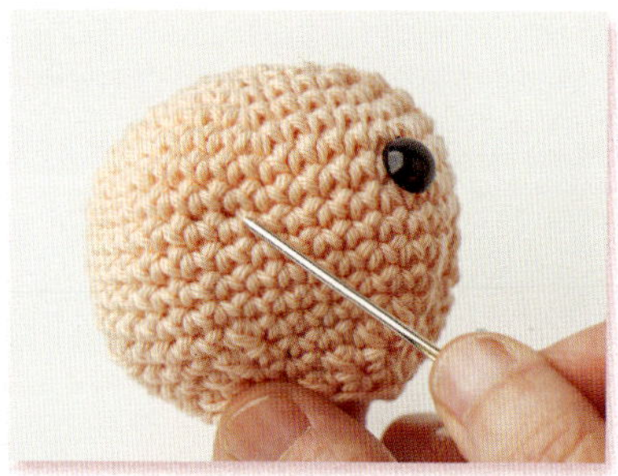

3 Sechs Maschen zur Seite zählen und das zweite Auge in den Zwischenraum nach der sechsten Masche stecken.

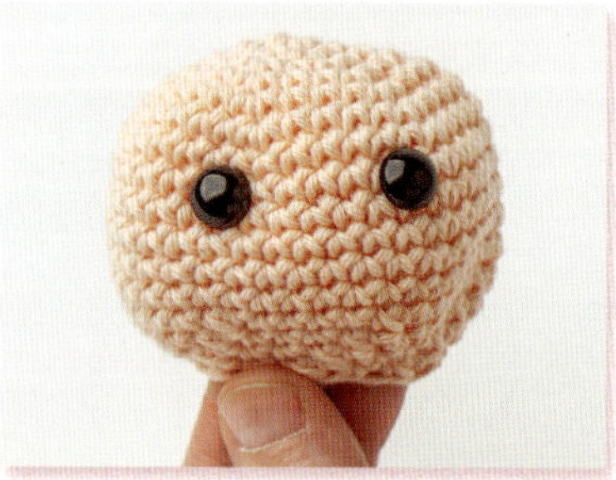

4 Jetzt überprüfen, ob die Augenposition gefällt, bevor die Augen fixiert werden.

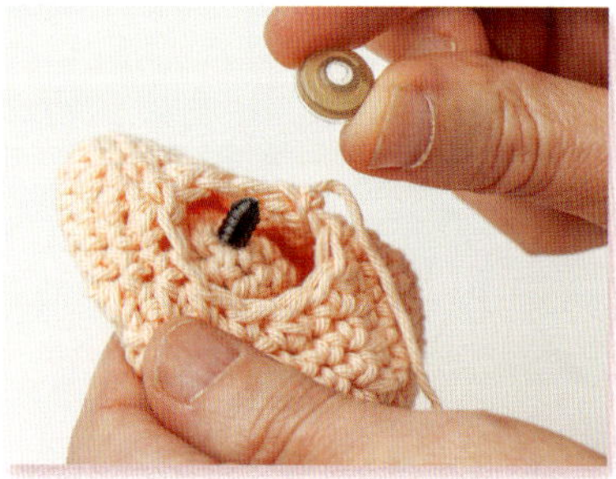

5 Die Unterlegscheibe mit der gewölbten Seite nach oben aufstecken.

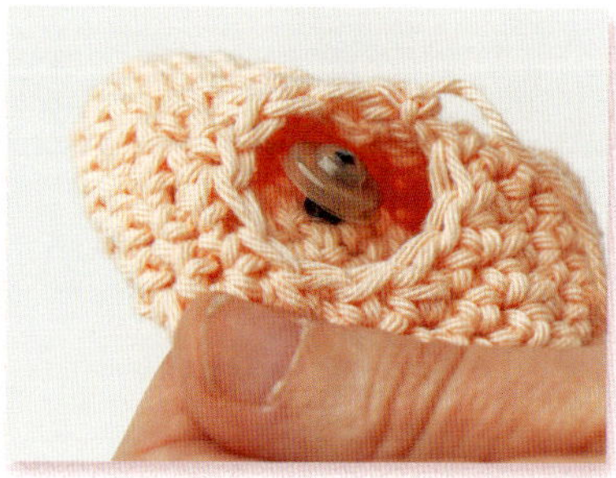

6 Die Scheibe festdrücken, jedoch nicht zu sehr, damit das Auge nicht durch die Maschen gedrückt wird.

Details aufsticken

Dafür ein Stück sechsfädigen Baumwollsticktwist in Schwarz oder Rot sowie eine Nähnadel verwenden. Den Sticktwist teilen und mit drei Fäden sticken. Eventuell die Arbeit vor dem Sticken ausstopfen. Den Faden beim Sticken nicht zu straff anziehen, damit die Stiche nicht verzerrt werden. Solange die Enden noch nicht vernäht sind, kann man den Faden wieder herausziehen und die Position noch einmal verändern, falls gewünscht.

Mund aufsticken

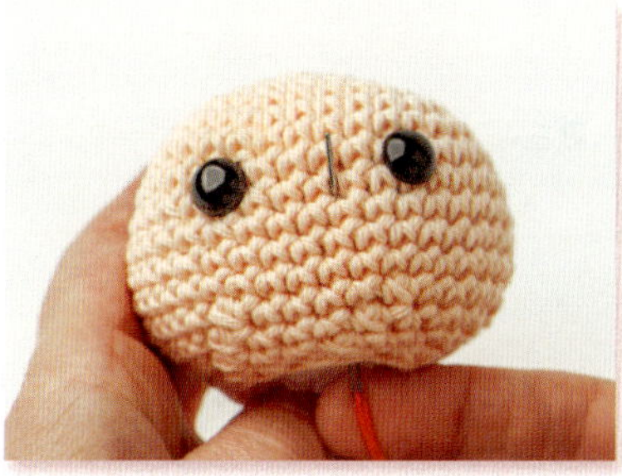

1 Die Nadel mit dem Faden durch die Halsöffnung einstechen und an der Stelle, an der der Mund aufgestickt werden soll an der rechten oberen Ecke ausstechen.

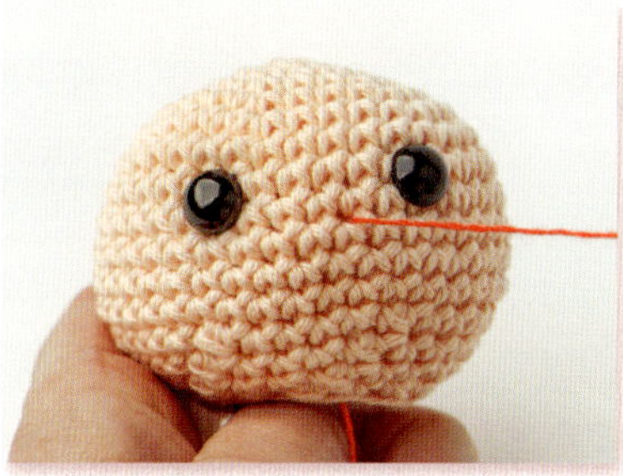

2 Die Nadel durchziehen.

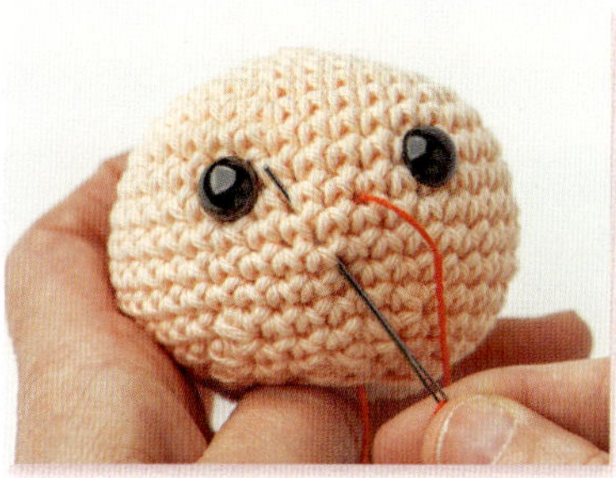

3 Die Nadel an der unteren Mundspitze einstechen und an der oberen linken Ecke wieder ausstechen.

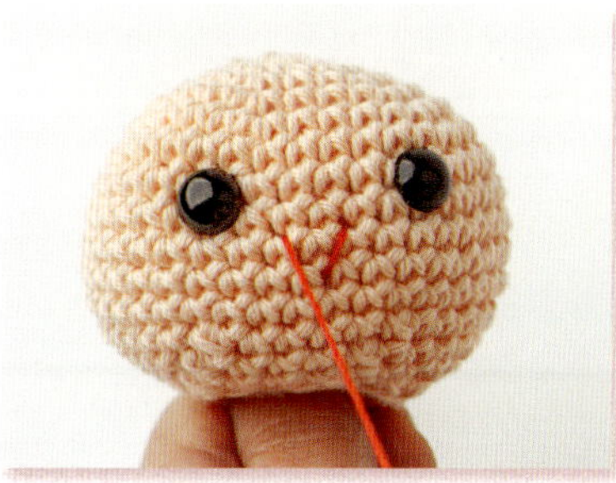

4 Die Nadel durchziehen.

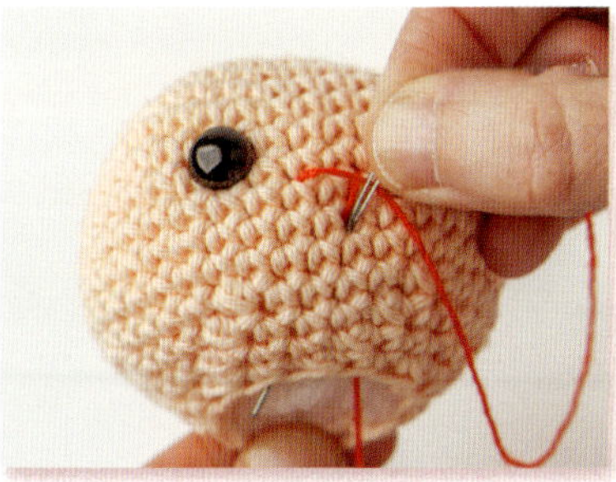

5 Jetzt die Nadel wieder zurück an die untere Spitze des Mundes und durch die Halsöffnung nach außen führen. Die Nadel durchziehen.

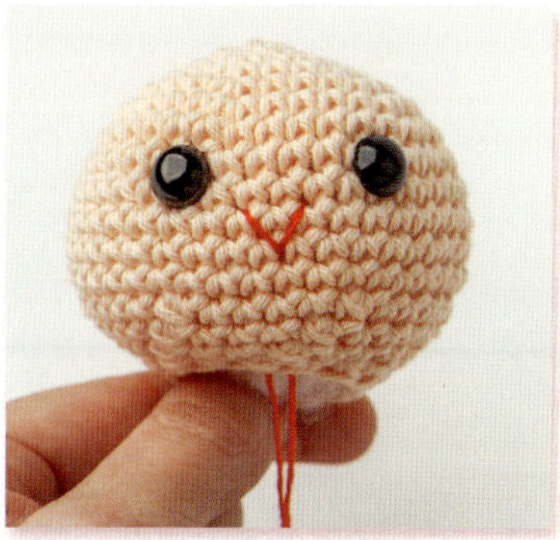

6 Der fertige Mund hat jetzt eine schöne V-Form. Das Fadenende locker verknoten und im Innern des Kopfes verstecken, wenn der Kopf an den Körper genäht wird.

Augenbrauen aufsticken

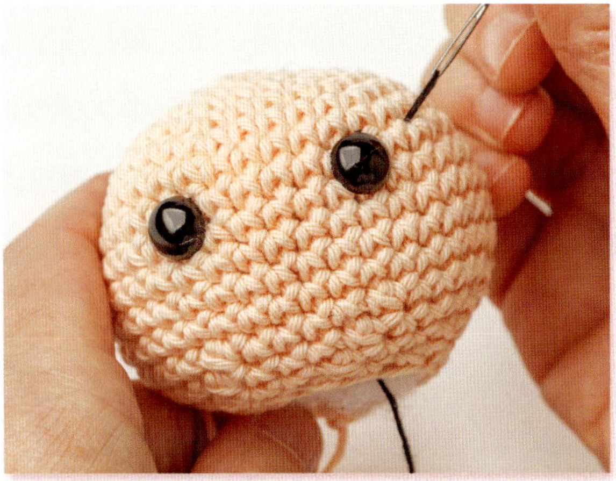

1 Die Nadel mit dem Faden durch die Halsöffnung einstechen und an der rechten Seite der rechten Augenbraue ausstechen.

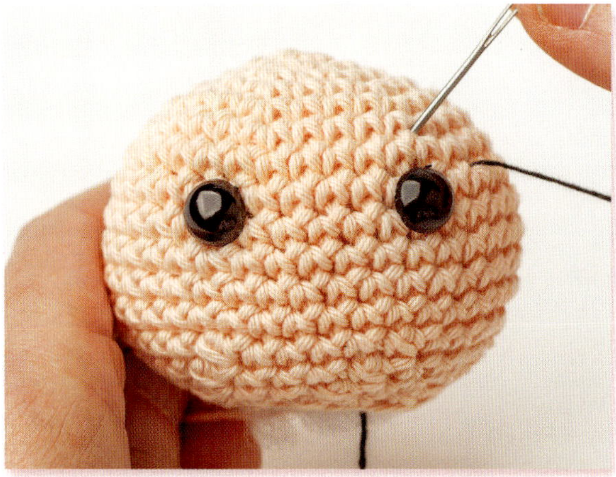

2 Die Nadel durchziehen und in die linke Seite der Augenbraue einstechen. Dann durch die Halsöffnung nach außen führen.

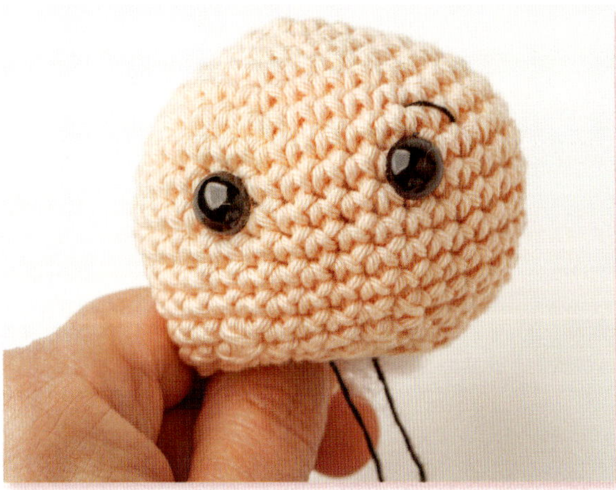

3 Die rechte Augenbraue ist nun fertig.

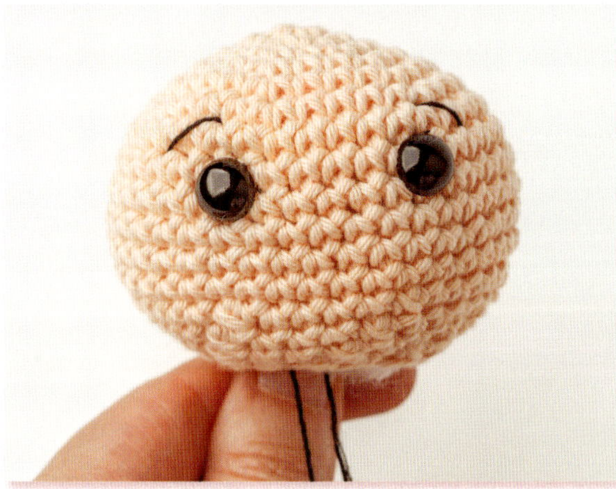

4 Die Schritte für die zweite Augenbraue gegengleich wiederholen.

Wimpern aufsticken

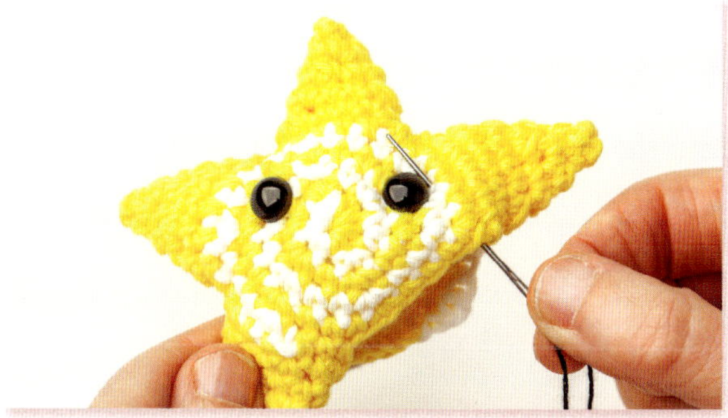

1 Die Nadel mit dem Faden durch die Halsöffnung einstechen und dicht neben dem rechten Auge rechts oben ausstechen.

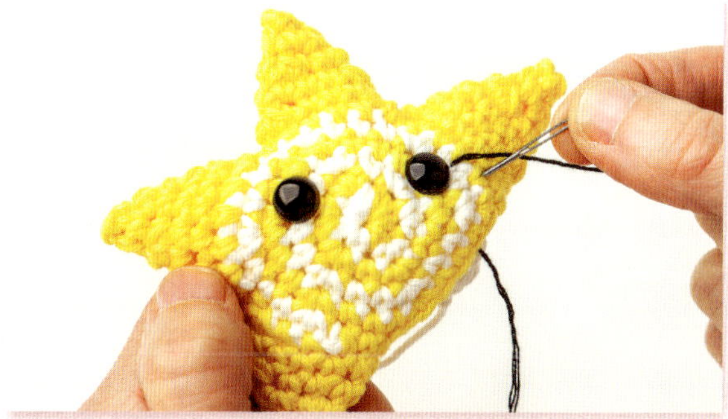

2 Die Nadel durchziehen und am oberen Ende der Wimper einstechen.

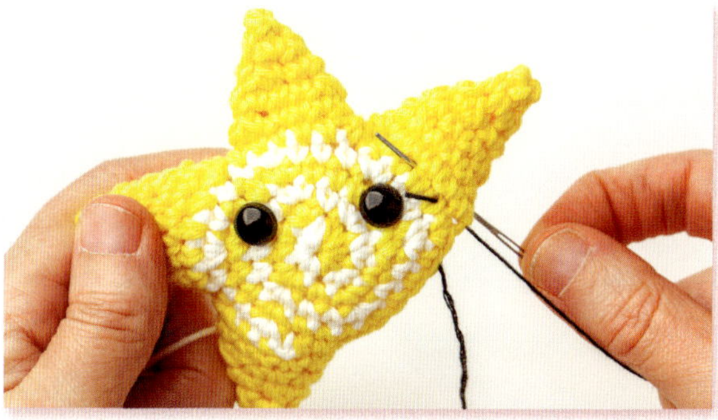

3 Die Nadel durchziehen und am oberen Ende der nächsten Wimper ausstechen.

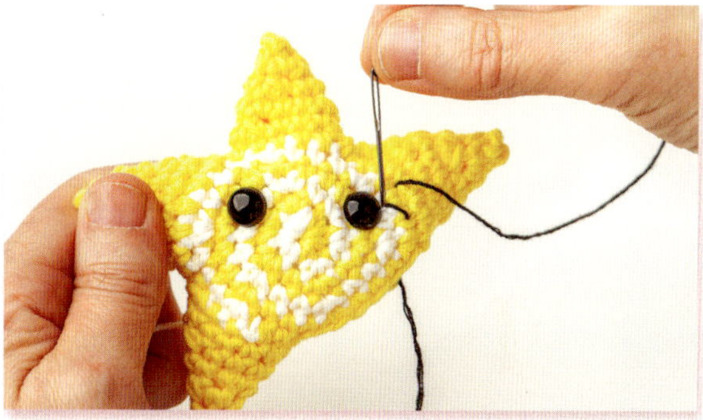

4 Die Nadel durchziehen. Die Nadel dicht am ersten Ausstich der ersten Wimper einstechen, sodass eine V-Form entsteht. Die Nadel durch die Öffnung der Arbeit nach außen führen.

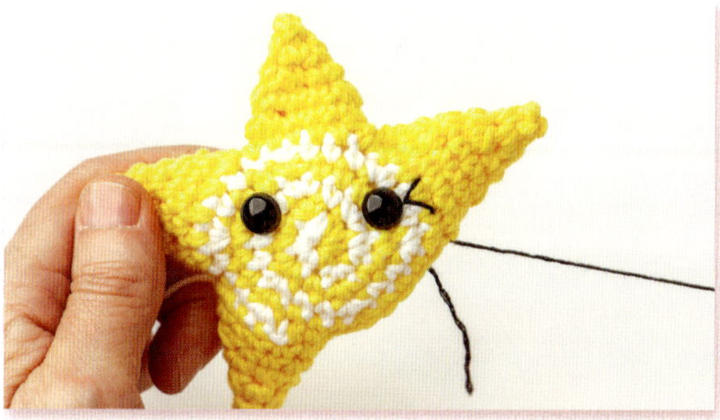

5 Die Nadel durchziehen. Die Wimpern des ersten Auges sind nun fertig.

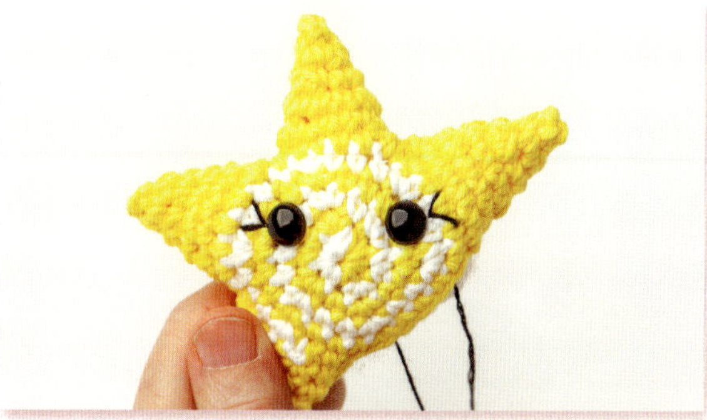

6 Die Schritte für das zweite Auge wiederholen.

Wangen aufsticken

In der jeweiligen Modellanleitung wird angegeben, ob die Wangen aufgestickt oder separat gehäkelt und aufgenäht werden. Zum Aufsticken habe ich anstelle von Sticktwist rosafarbene oder rote Wolle verwendet.

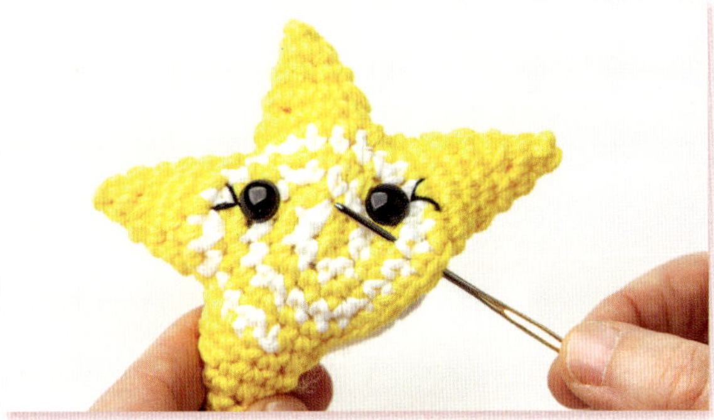

1 Einen rosafarbenen oder roten Faden in eine Tapisserienadel fädeln. Die Nadel durch die seitliche Öffnung führen und an der Stelle für die linke Wange ausstechen.

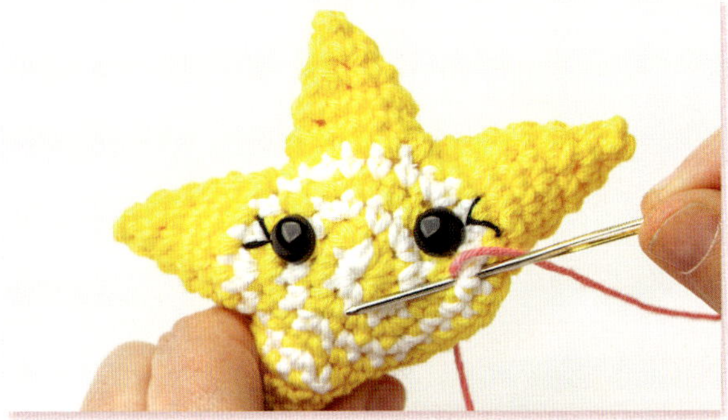

2 Die Nadel durchziehen. Die Nadel auf der rechten Wangenseite einstechen und auf der linken Seite ausstechen.

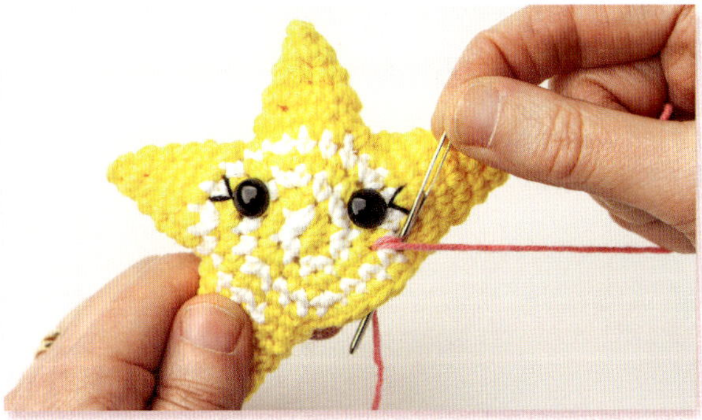

3 Die Nadel durchziehen und auf der rechten Wangenseite einstechen. Die Nadel durch die Öffnung führen.

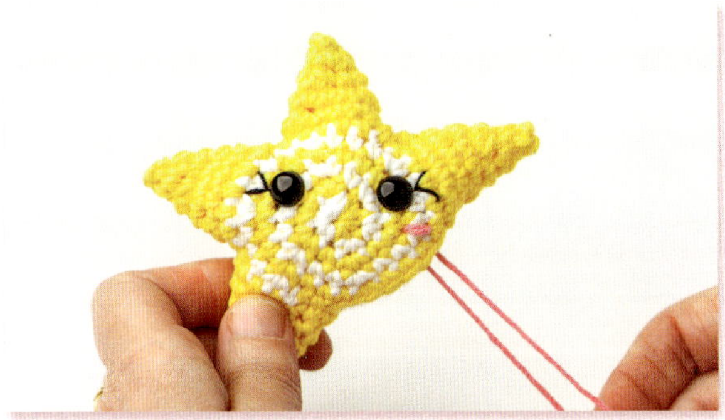

4 Die Nadel durchziehen. Eine Wange ist nun fertig.

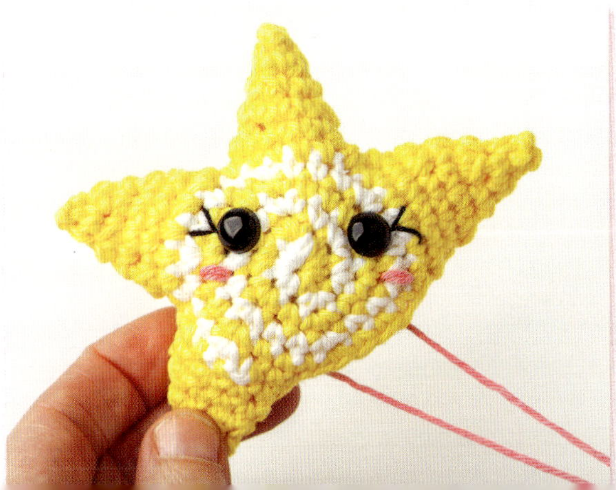

5 Die Schritte für die zweite Wange wiederholen.

Farbe wechseln

Für einen sauberen Farbübergang die letzte Masche der vorhergehenden Farbe mit der neuen Farbe abmaschen.

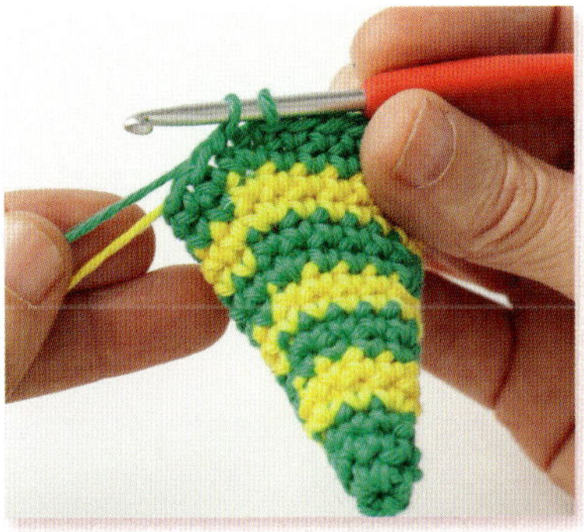

1 Die feste Masche so weit häkeln, bis zwei Schlingen auf der Nadel liegen.

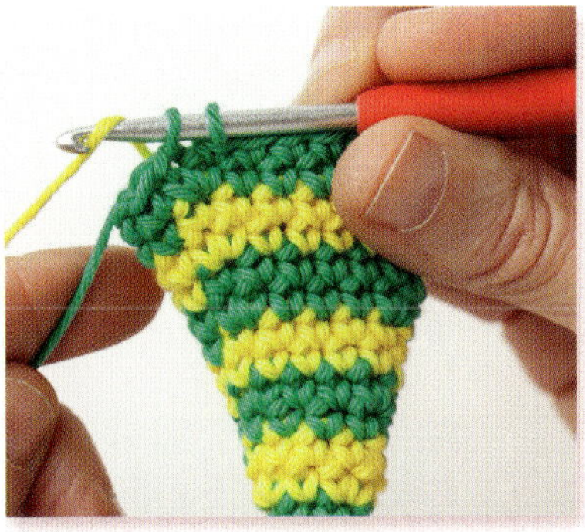

2 Dann mit der neuen Farbe den Faden um die Nadel legen.

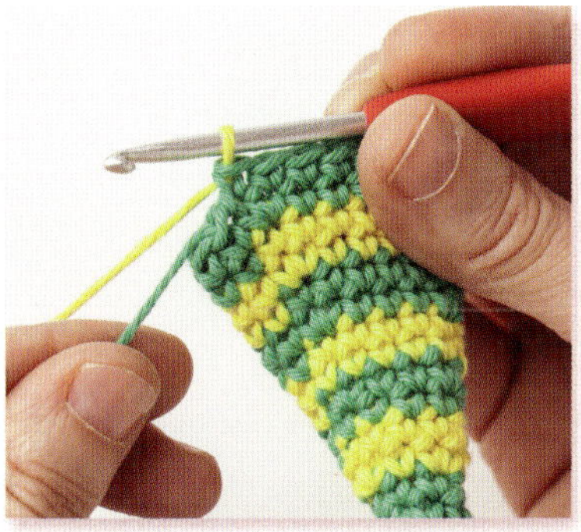

3 Den Faden durch beide Schlingen auf der Nadel ziehen, sodass eine Schlinge in der neuen Farbe auf der Nadel liegt.

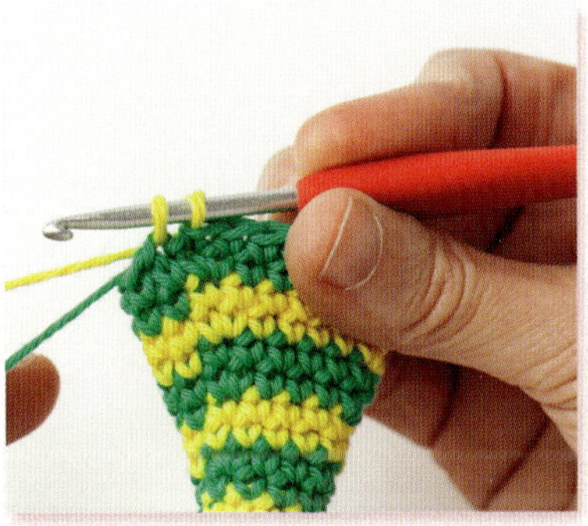

4 Mit der neuen Farbe weiterhäkeln.

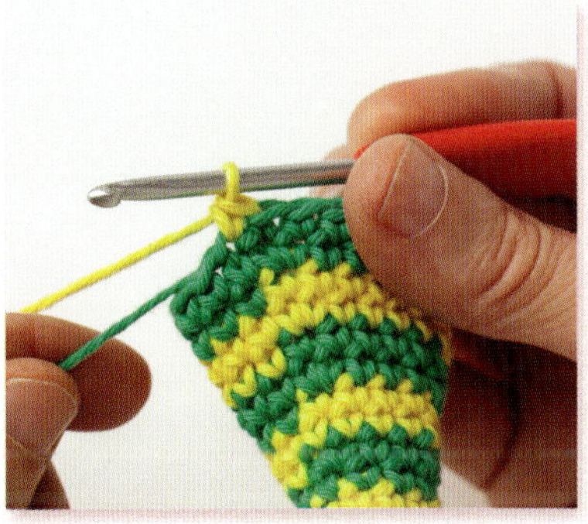

5 Jetzt ist eine Masche gehäkelt und der Farbwechsel vollendet.

Wenn bei den Amigurumi Streifen gehäkelt werden, sieht man, dass bei Spiralrunden die Farbübergänge versetzt sind, so etwa beim Pinguin (siehe rechts und Seite 73). Daher am besten den Rundenanfang auf die Rückseite der Figur verlegen, damit die Übergänge nicht so ins Auge fallen.

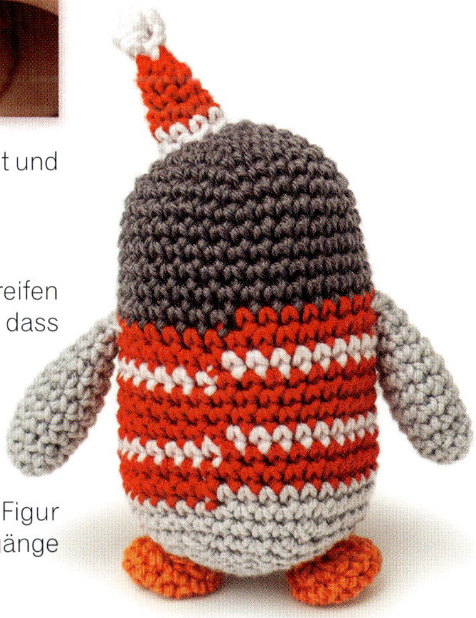

Gehäkelte Einzelteile zusammennähen

Die folgenden Erklärungen zeigen, wie die Einzelteile vom Weihnachtsmann und vielen anderen Figuren zusammengenäht werden. Zuerst die ausgestopften Teile passend anordnen und, falls nötig, mit Stecknadeln oder Maschenmarkierern aneinanderstecken. Zum Nähen eine Tapisserienadel und, wo möglich, den langen Endfaden verwenden. Wenn es nicht anders beschrieben ist, immer durch beide Schlingen der Maschen nähen. Zum Annähen von Wangen, Mützen und Hüten, Haaren oder Gürteln den Vorstich verwenden.

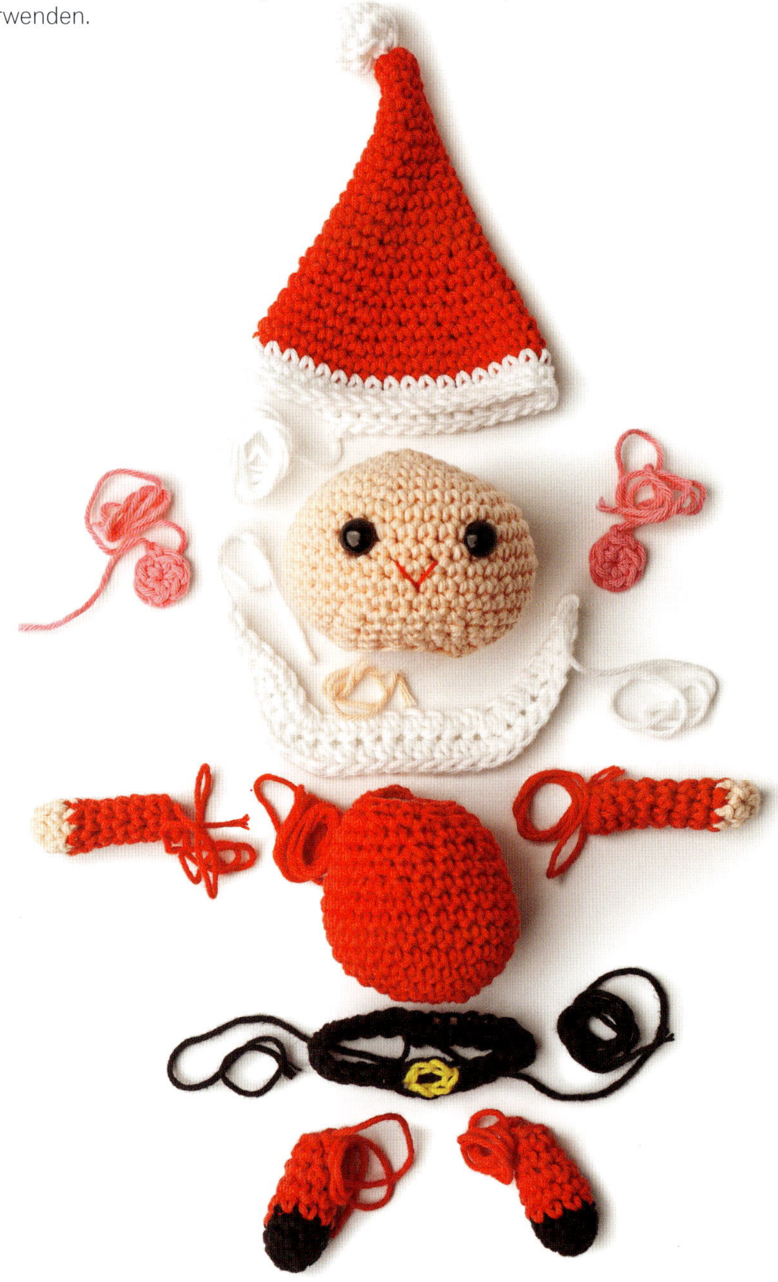

Wangen aufnähen

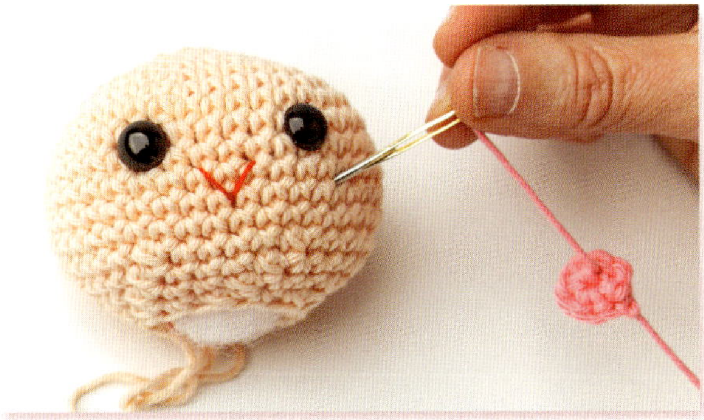

1 Zuerst die Wange auf die passende Stelle legen. Den Endfaden der Wange am Kopf an einer Masche durchziehen.

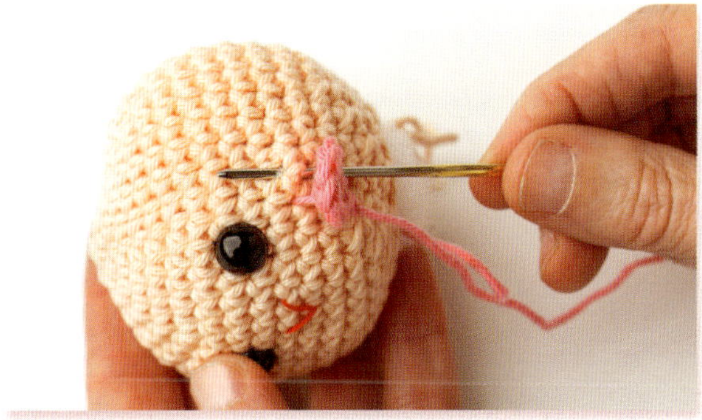

2 Die Nadel am Wangenrand durch beide Schlingen der Masche führen, die dem Wangenende am nächsten liegt, dann am Kopf durch die Masche daneben stechen.

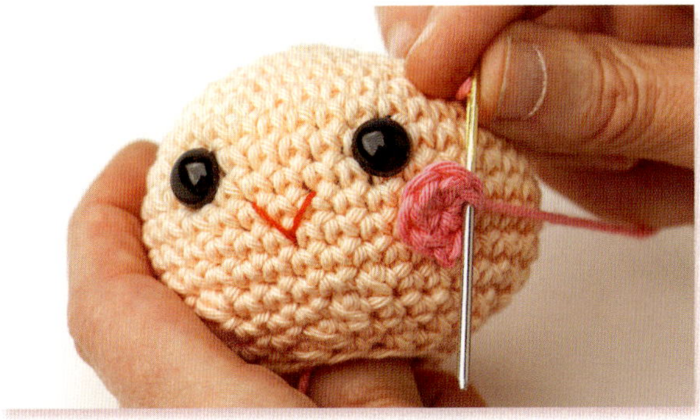

3 Die Nadel durchziehen. In beide Schlingen der nächsten Masche an der Wange einstechen und wiederum durch die nächste Masche am Kopf gehen.

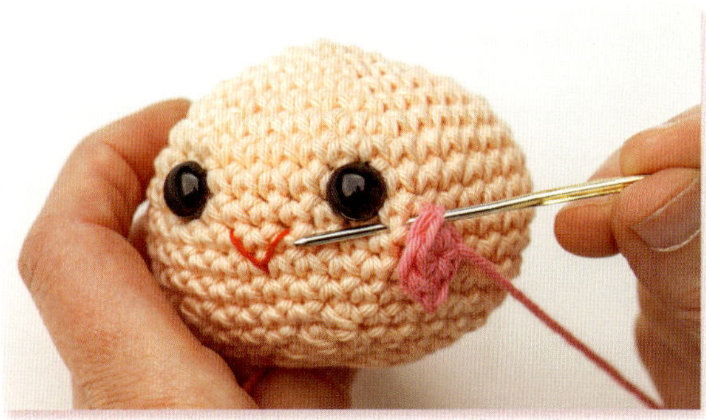

4 Die Nadel durchziehen und in beide Schlingen der nächsten Masche der Wange und durch die nächste Masche auf dem Kopf einstechen.

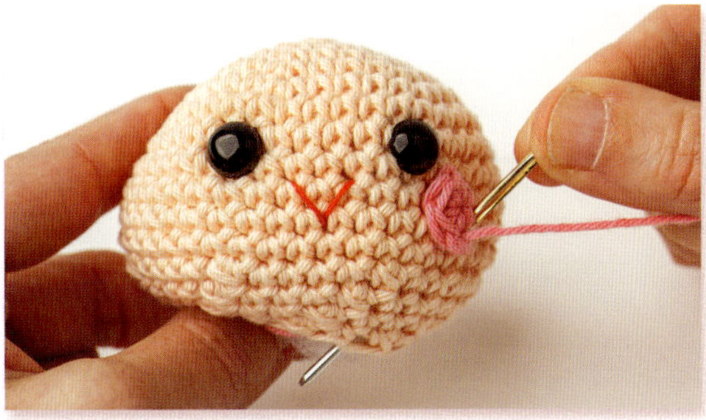

5 Die Nadel durchziehen und auf diese Weise weiter um die Wange nähen. Mit dem letzten Stich die Nadel durch die Öffnung am Kopf nach außen führen.

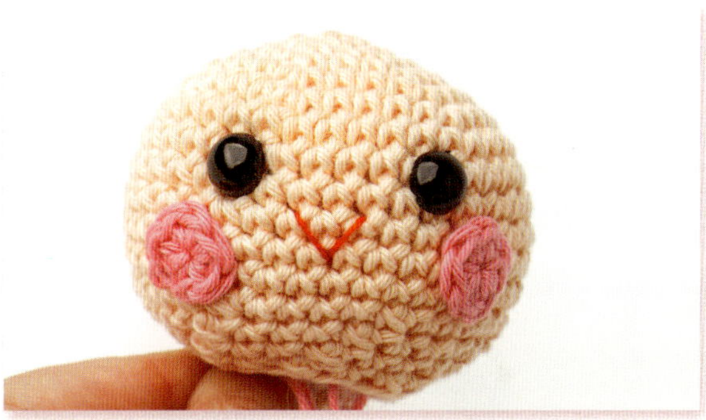

6 Die Schritte für die zweite Wange wiederholen.

Bart annähen

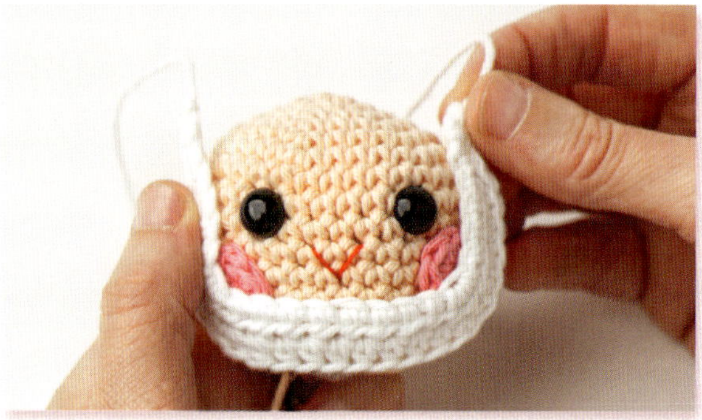

1 Den Bart auf das Gesicht des Weihnachtsmannes legen und in Position stecken.

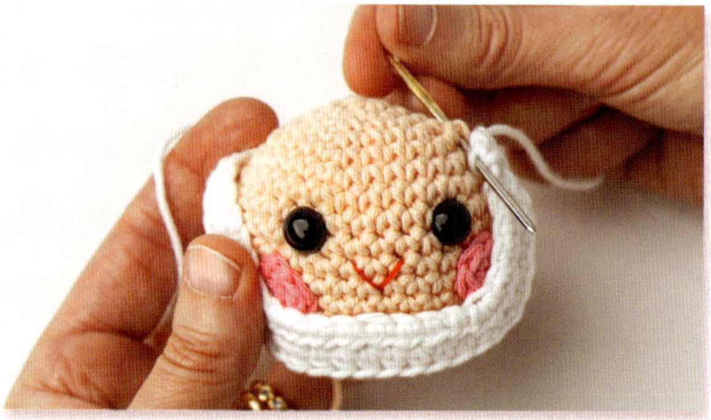

2 Den rechten Endfaden in die Nadel fädeln und damit in den Kopf und dann in die nächstliegende Schlaufe der Luftmaschen des Bartes einstechen.

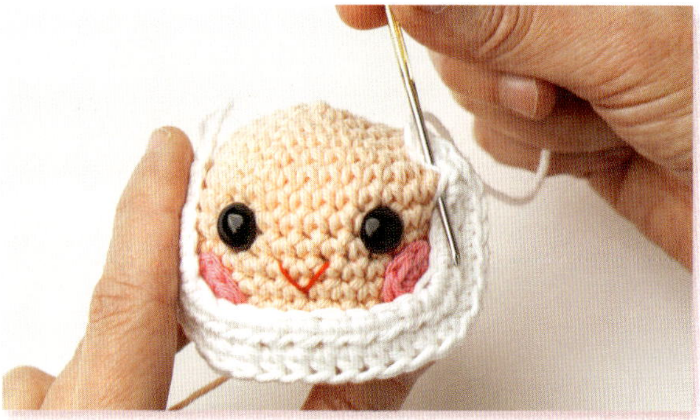

3 Die Nadel durchziehen und durch die nächste Masche des Kopfes und des Bartes führen.

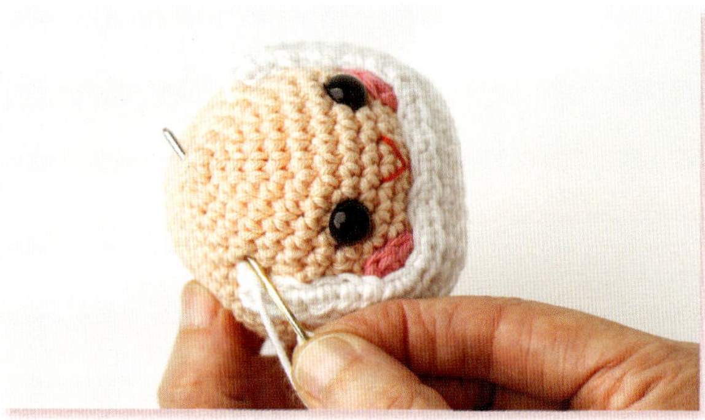

4 So am inneren Bartrand entlang nähen. Fadenende sichern und mit dem letzten Stich die Nadel innen oben durch den Kopf führen. Das Fadenende dicht am Kopf abschneiden.

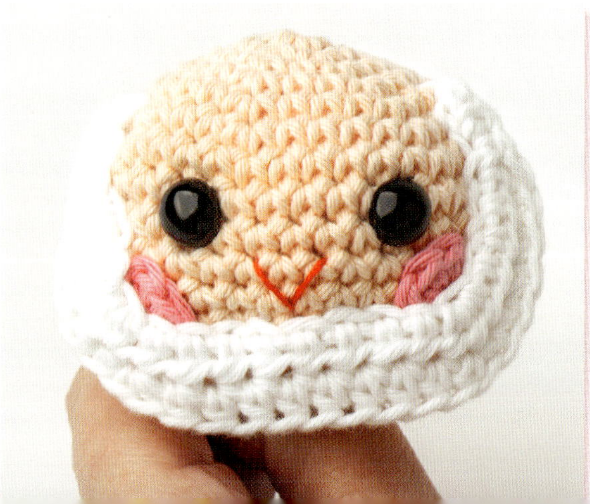

5 Sichern Sie das hintere Ende des Fadens auf der linken Seite. Der Bart ist nun fest vernäht.

Mütze annähen

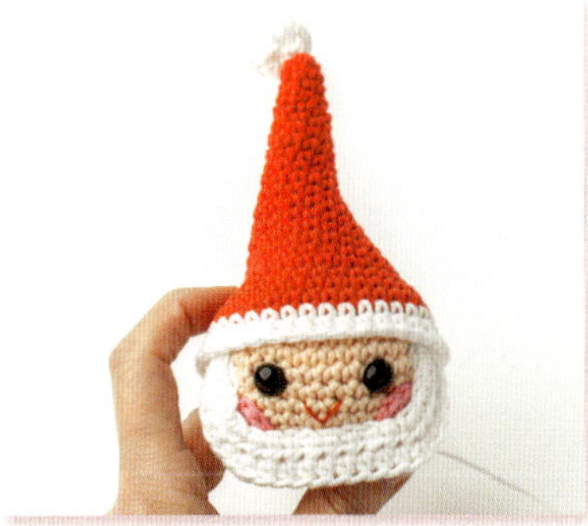

1 Die Mütze auf den Kopf des Weihnachtsmannes legen und ausrichten.

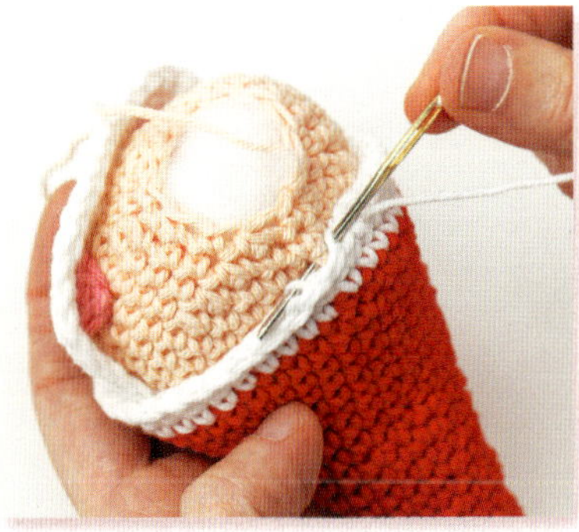

2 Den Endfaden in die Nadel fädeln und diese durch die erste Masche in den Kopf und zurück in die nächste Masche der Mütze stechen.

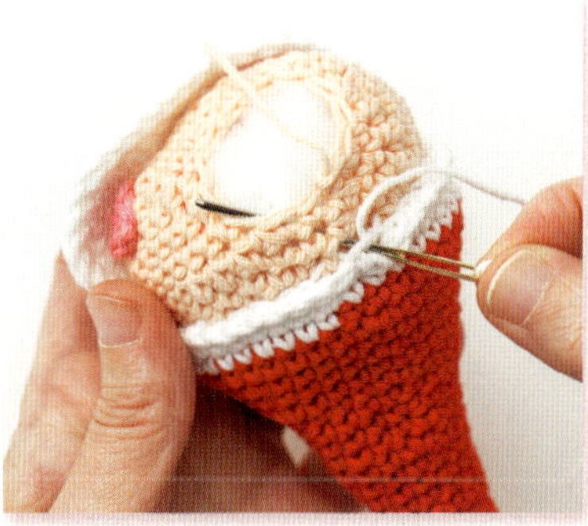

3 Die Nadel durchziehen und so rundum fortfahren. Die Nadel mit dem letzten Stich durch die Öffnung nach außen führen.

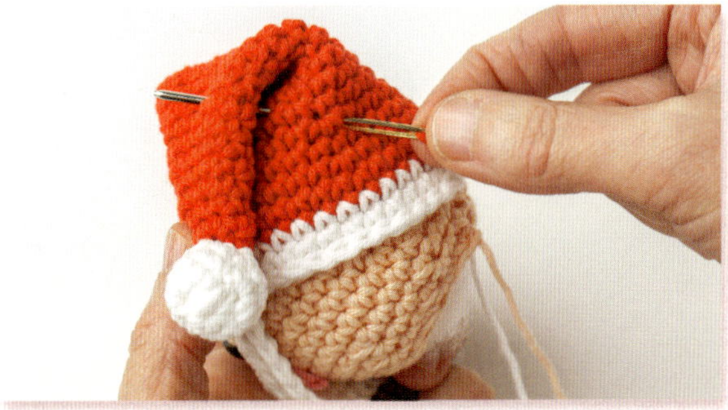

4 Die Spitze der Mütze umfalten. Passendes Garn in die Nadel fädeln und diese durch die Mütze und deren Falte nach außen führen.

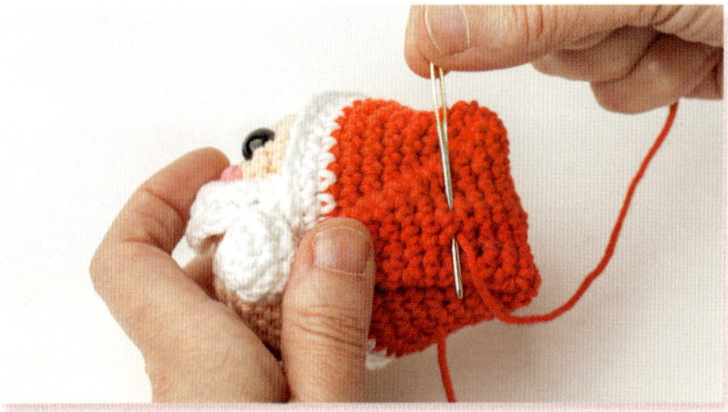

5 Ein paar Stiche durch alle drei Mützenschichten nähen. Noch zwei- oder dreimal wiederholen, bis die Falte festsitzt.

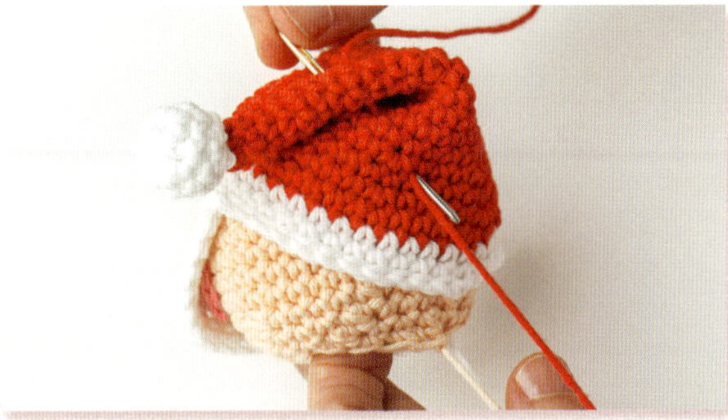

6 Die Nadel an der Rückseite nach außen führen und den Faden so dicht wie möglich abschneiden.

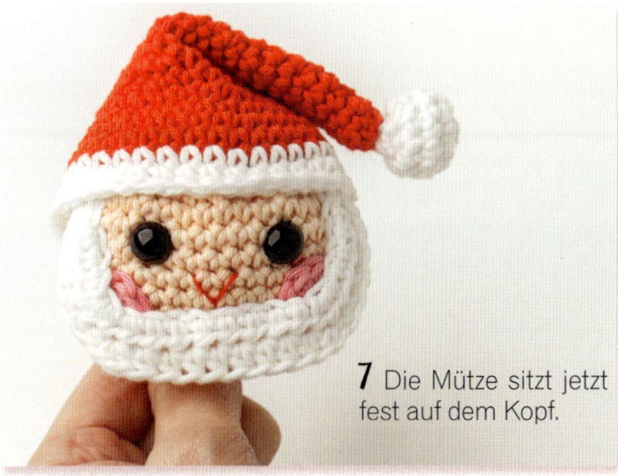

7 Die Mütze sitzt jetzt fest auf dem Kopf.

Gürtel annähen

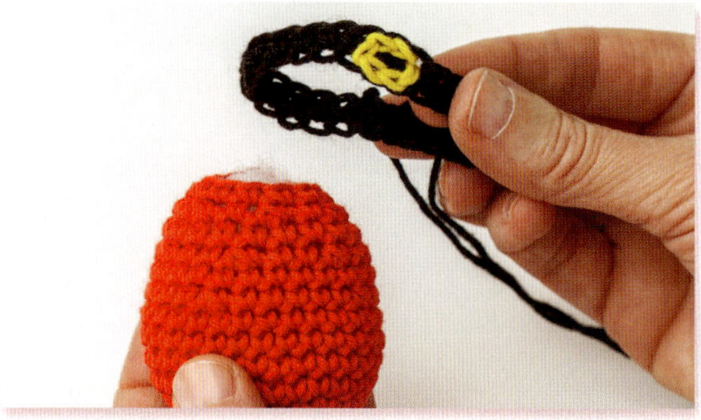

1 Den Gürtel bis zur halben Höhe über den Körper des Weihnachtsmannes ziehen.

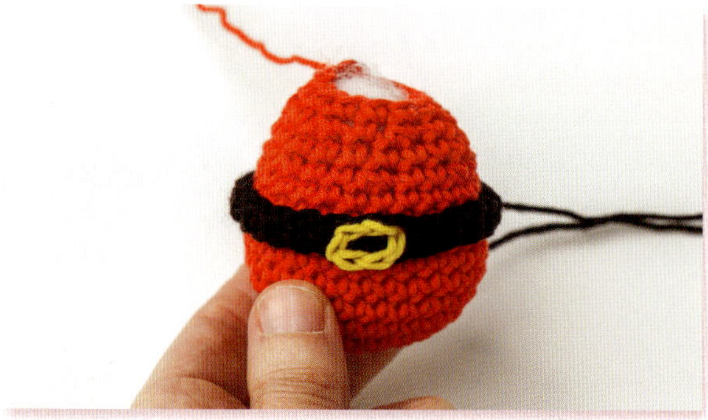

2 Mit Vorstichen entlang der oberen und unteren Kante den Gürtel auf den Körper nähen.

Kopf an den Körper nähen

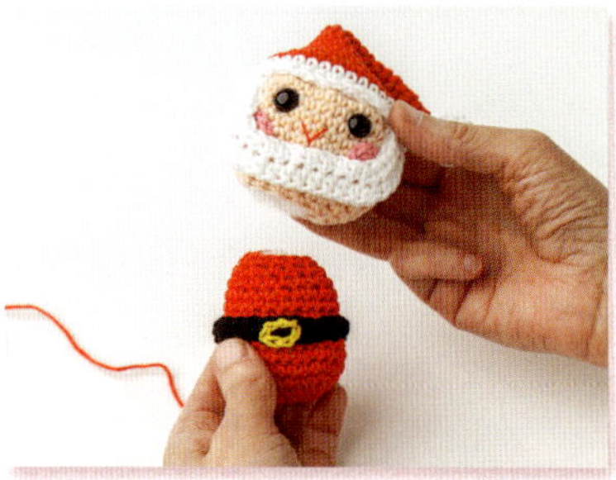

1 Den Kopf des Weihnachtsmannes zunächst mittig auf den Körper setzen.

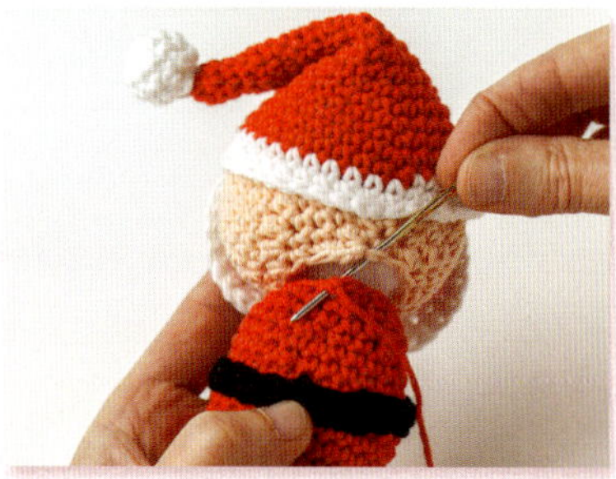

2 Den Endfaden des Körpers in die Nadel fädeln und diese durch beiden Maschenschlingen von Kopf und Körper führen.

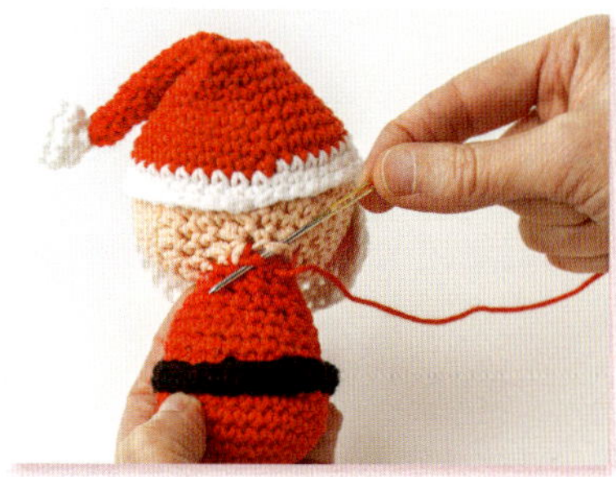

3 Die Nadel durchziehen und so rundum bis zum Anfang nähen.

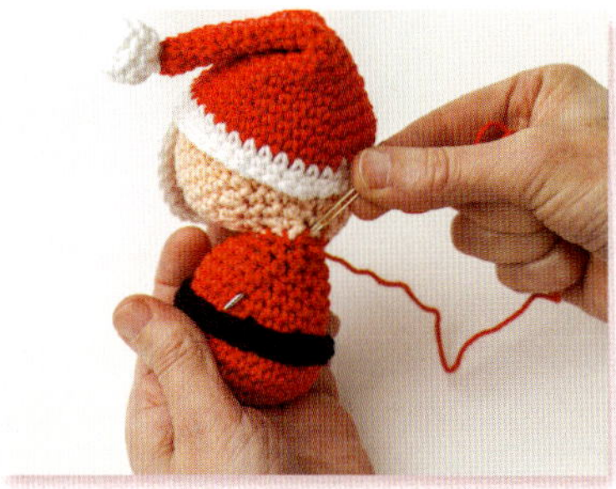

4 Mit dem letzten Stich die Nadel auf der Rückseite des Körpers nach außen führen. Den Faden so dicht wie möglich am Körper abschneiden.

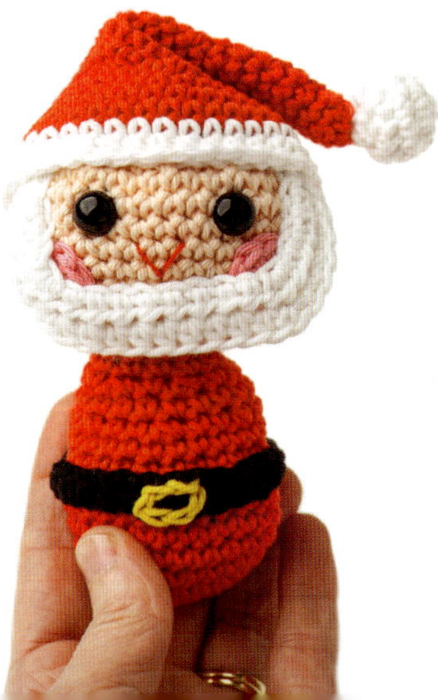

5 Der Kopf sitzt nun fest auf dem Körper.

Arme annähen

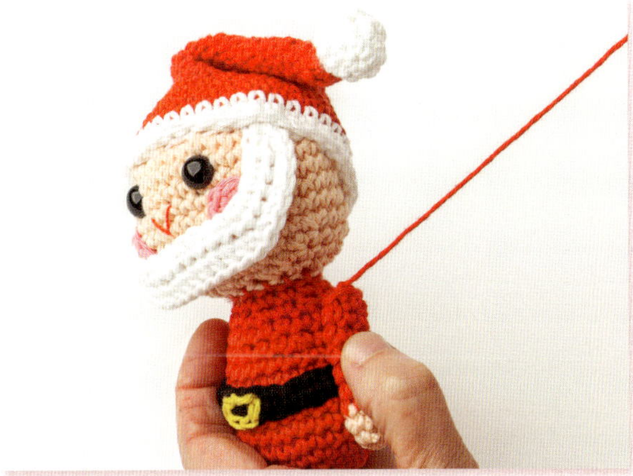

1 Die Oberkante des Arms flach zusammendrücken, an der gewünschten Stelle an den Körper legen und festhalten.

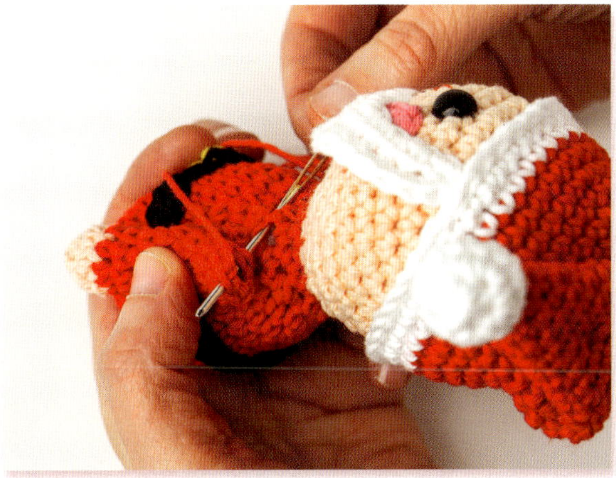

2 Den Endfaden in die Nadel fädeln und diese durch eine Masche am Körper sowie beide Schlingen der ersten beiden Maschen des flach gedrückten Arms stechen.

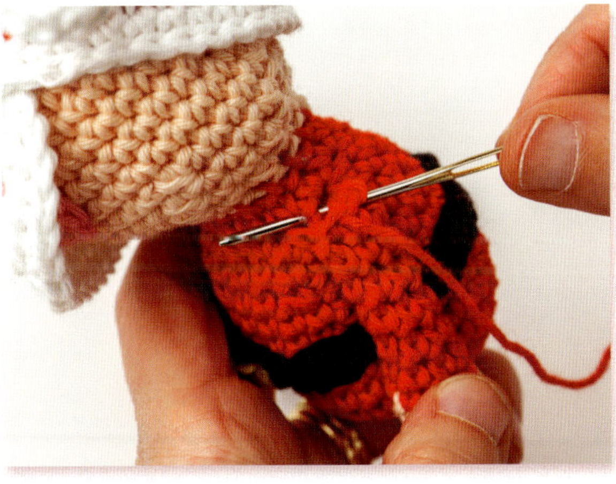

3 Die Nadel durchziehen und durch beide Schlingen der beiden nächsten Maschen auf beiden Seiten des gefalteten Arms und durch eine Masche am Körper führen. So weiter an der Kante des Arms fortfahren und mit dem letzten Stich die Nadel auf der Rückseite des Körpers nach außen führen. Den Faden so dicht wie möglich am Körper abschneiden.

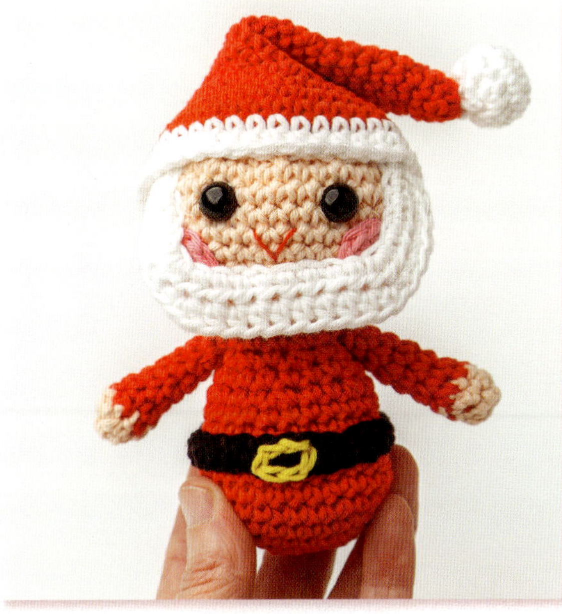

4 Die Schritte für den zweiten Arm wiederholen.

Beine annähen

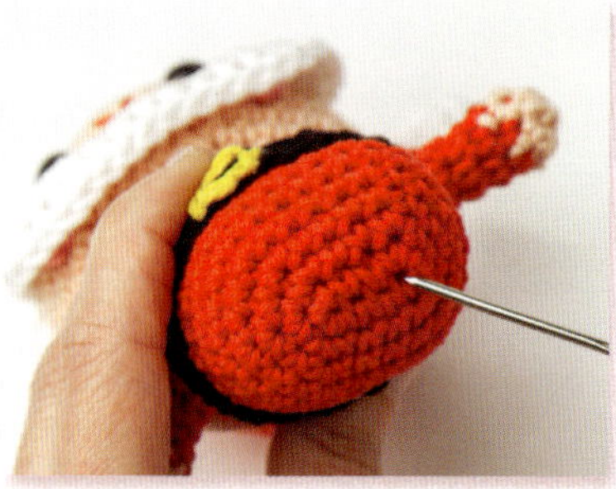

1 Den Endfaden eines Beins in die Nadel fädeln. Auf der Unterseite des Körpers befinden sich in der Mitte vier „Löcher" – in das rechts außen liegende einstechen, um das rechte Bein zu befestigen.

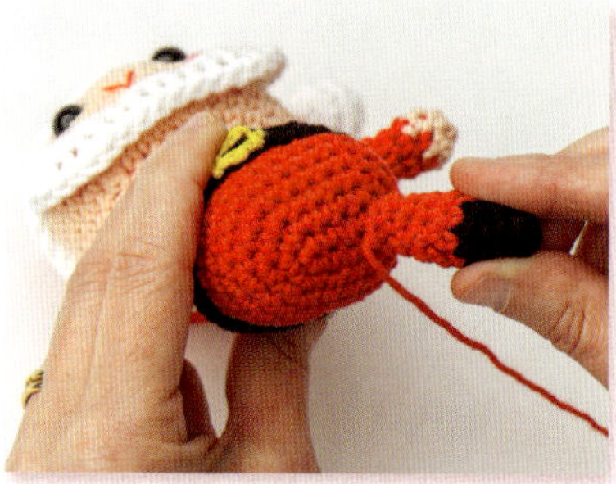

2 Das rechte Bein dicht an das erwähnte Loch halten.

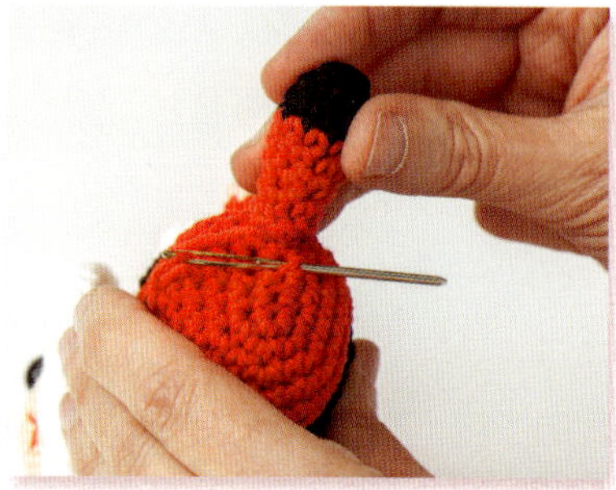

3 Die Nadel in das Loch einstechen, unter die folgende Masche am Körper gehen und ausstechen.

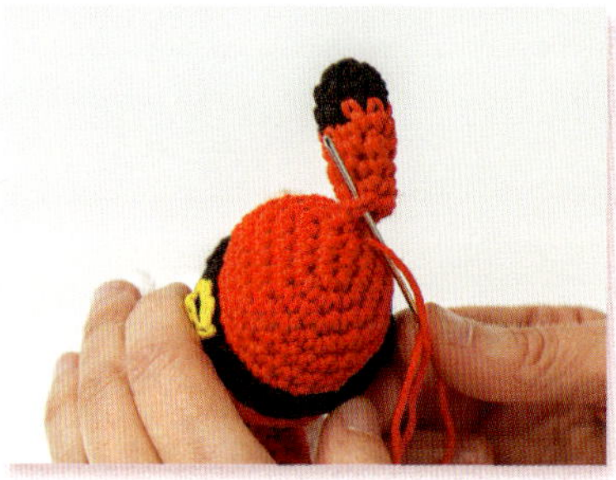

4 Den Faden durchziehen und die Nadel durch beide Schlingen der ersten Masche am Bein führen.

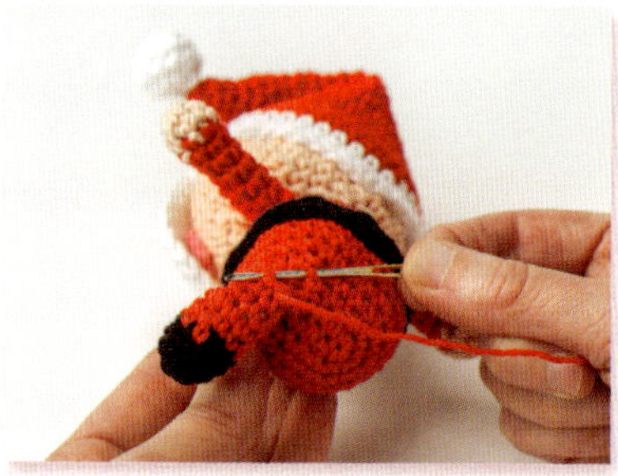

5 Den Faden durchziehen, dann in den Körper und nachfolgend durch die beiden Schlingen der nächsten Masche am Bein führen.

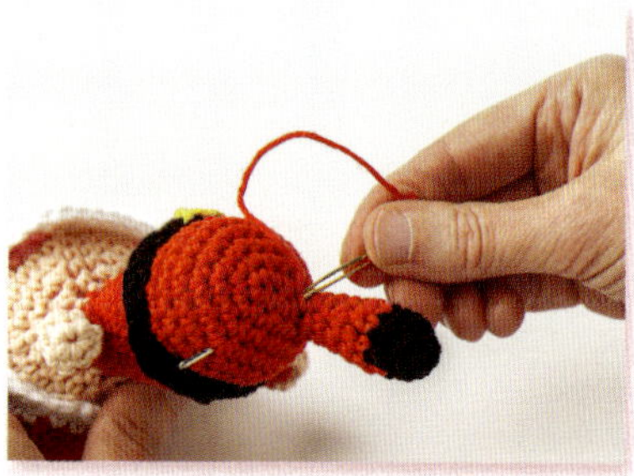

6 Den Faden durchziehen. So um das Bein herum bis zum Anfangspunkt fortfahren. Mit dem letzten Stich die Nadel auf der Rückseite des Körpers nach außen führen und den Faden so dicht wie möglich am Körper abschneiden.

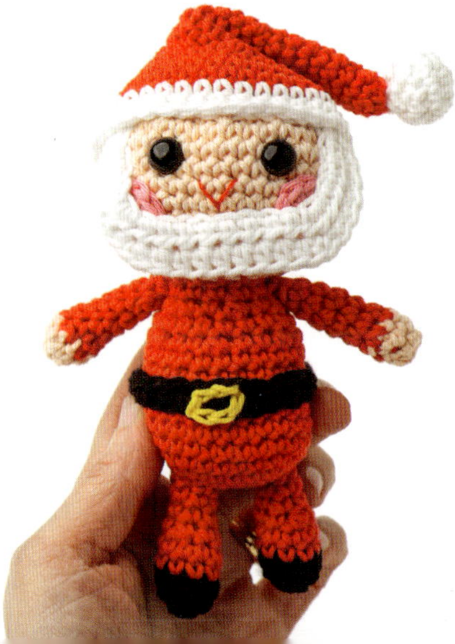

7 Wiederholen Sie den Vorgang für das zweite Bein und der Weihnachtsmann ist komplett.

Die Anleitung für den Weihnachtsmann findest du auf Seite 36.

Durch die hinteren Maschenglieder (hMg) nähen

Auf diese Weise werden das Weihnachtsgeschenk und andere Figuren zusammengenäht. In der Anleitung wird erwähnt, wenn nur durch die hinteren Maschenglieder (hMg) genäht werden soll.

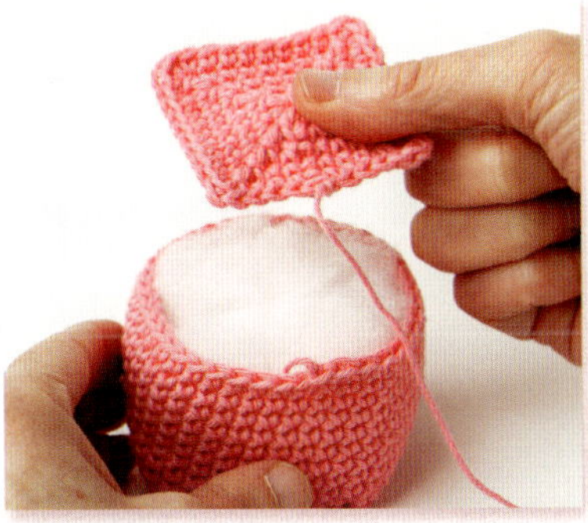

1 Die Teile, die zusammengenäht werden sollen, aufeinanderlegen. Den Endfaden des „Deckels" in die Nadel fädeln.

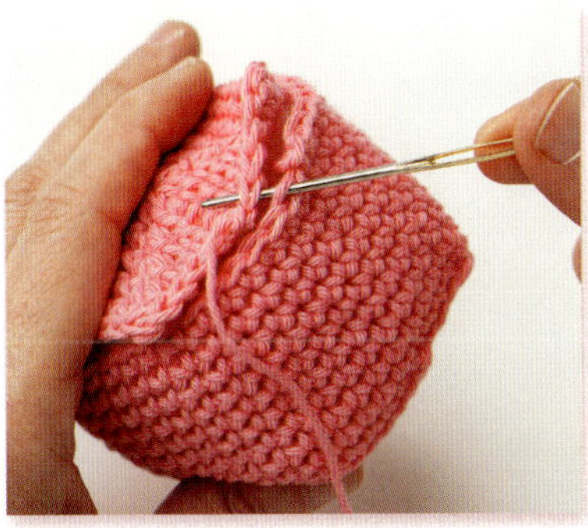

2 Die Nadel durch die in der Anleitung beschriebenen Maschen führen – hier nur durch die hinteren Maschenglieder der Schachtel und durch beide Maschenglieder des Deckels.

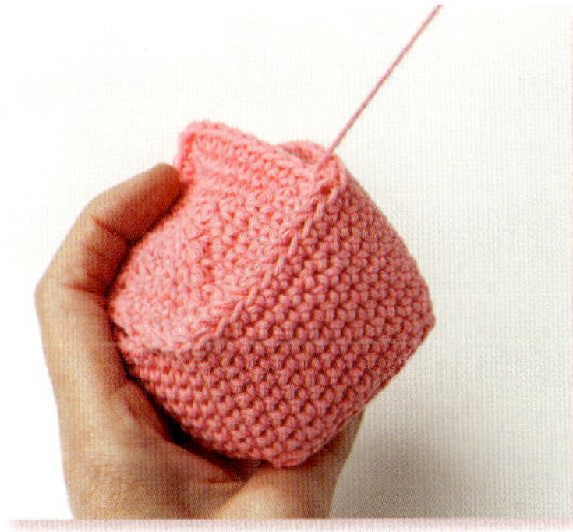

3 Die Nadel durchziehen und so rundum weiternähen.

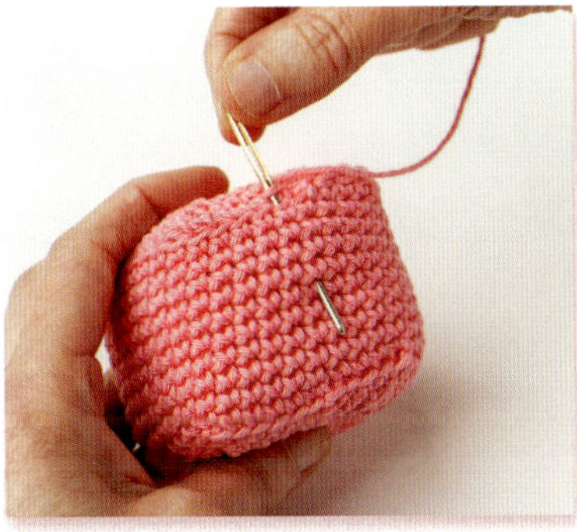

4 Mit dem letzten Stich die Nadel nach außen führen und den Faden so dicht wie möglich am Stück abschneiden.

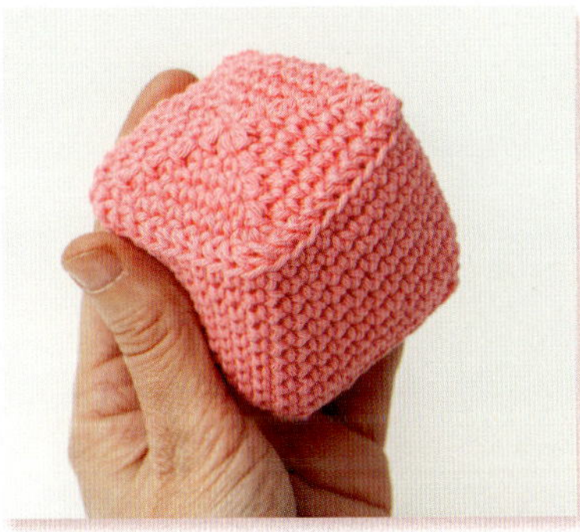

5 Die Schachtel des Weihnachtsgeschenks ist nun fertig.

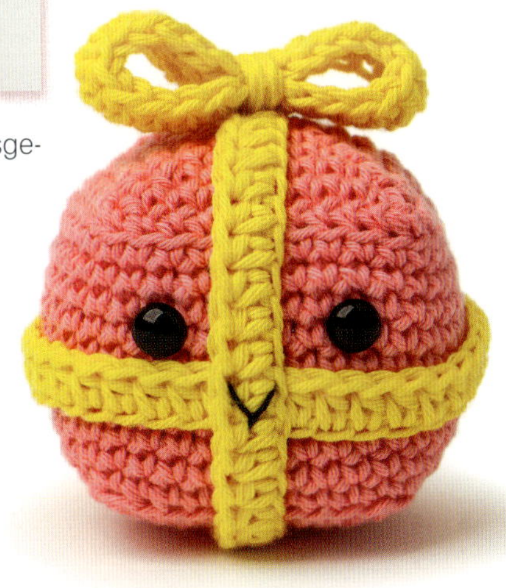

Die Anleitung für das Weihnachtsgeschenk findest du auf Seite 52.

Modelle

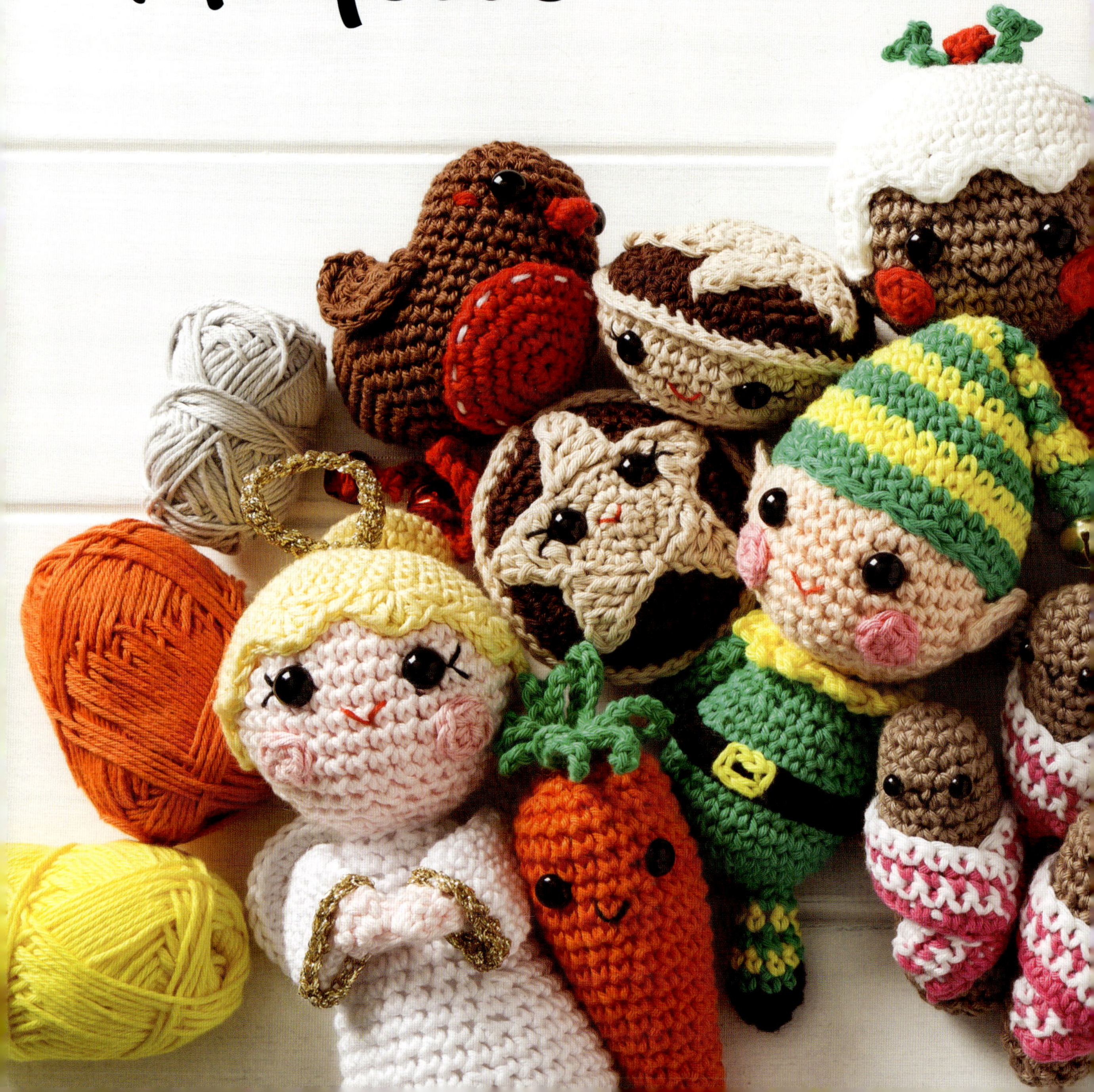

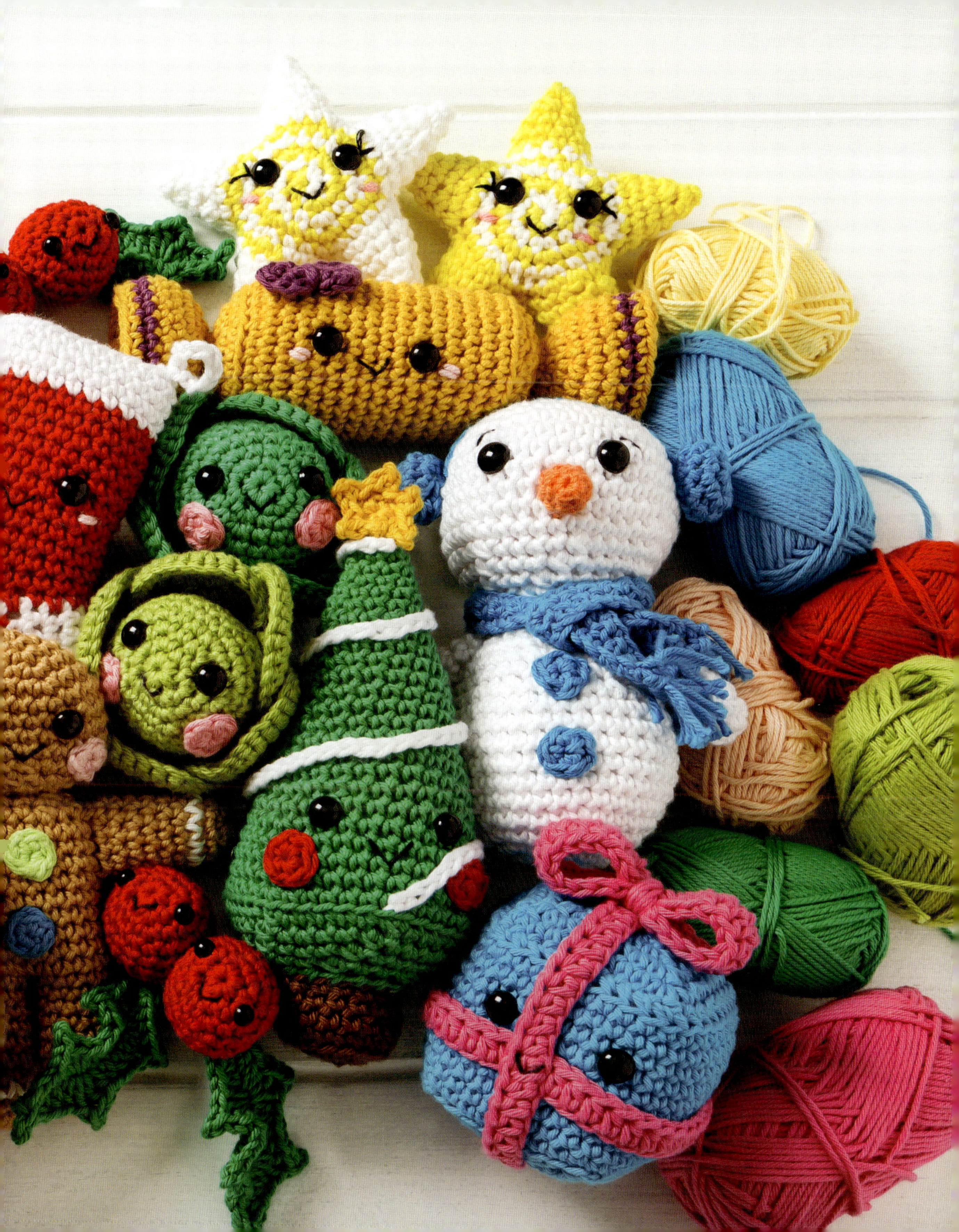

Schneemann

ES SCHNEIT!

Material

Für einen Schneemann:

- Baumwollgarn (LL 20 g/43 m), 2 Knäuel in Weiß (A), Reste in Orange (B), Türkis (C) und Grün (D)
- 2 Sicherheitsaugen, 10 mm
- Schwarzes Stickgarn
- Füllmaterial

Zubehör

- Häkelnadel 3,5 mm
- Maschenmarkierer

Fertige Größe

- 14–16 cm hoch

Anleitung

Kopf

Mit Farbe A 2 Lm häkeln.

1. Runde: 6 fM in die 2. Lm von der Nadel (= 6 M).
2. Runde: 2 fM in jede M (= 12 M).
3. Runde: (1 fM, 2 fM in die nächste M) 6 x (= 18 M).
4. Runde: (2 fM, 2 fM in die nächste M) 6 x (= 24 M).
5. Runde: (3 fM, 2 fM in die nächste M) 6 x (= 30 M).
6. Runde: (4 fM, 2 fM in die nächste M) 6 x (= 36 M).
7.–12. Runde: 1 fM in jede M.
13. Runde: (4 fM, 2 fM zus) 6 x (= 30 M).
14. Runde: (3 fM, 2 fM zus) 6 x (= 24 M).
15. Runde: (2 fM, 2 fM zus) 6 x (= 18 M).
16. Runde: (1 fM, 2 fM zus) 6 x (= 12 M).

Abmaschen.

Karottennase

Mit Farbe B 2 Lm häkeln.

1. Runde: 4 fM in die 2. Lm von der Nadel (= 4 M).
2. Runde: (1 fM, 2 fM in die nächste M) 2 x (= 6 M).
3. Runde: 1 fM in jede M.

Abmaschen und den Faden zum Annähen an den Kopf lang hängen lassen.

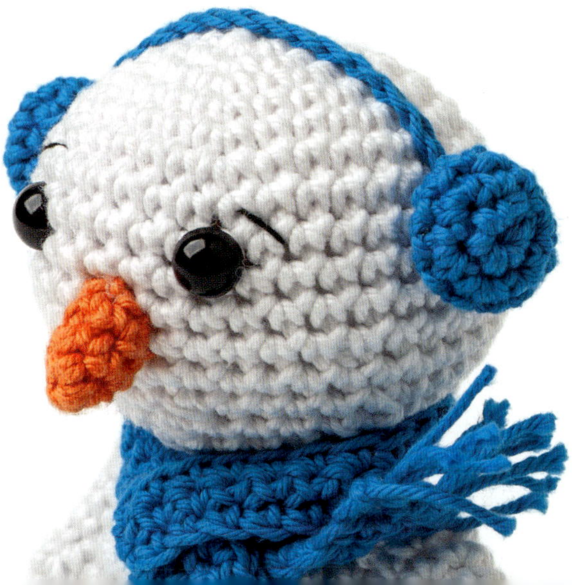

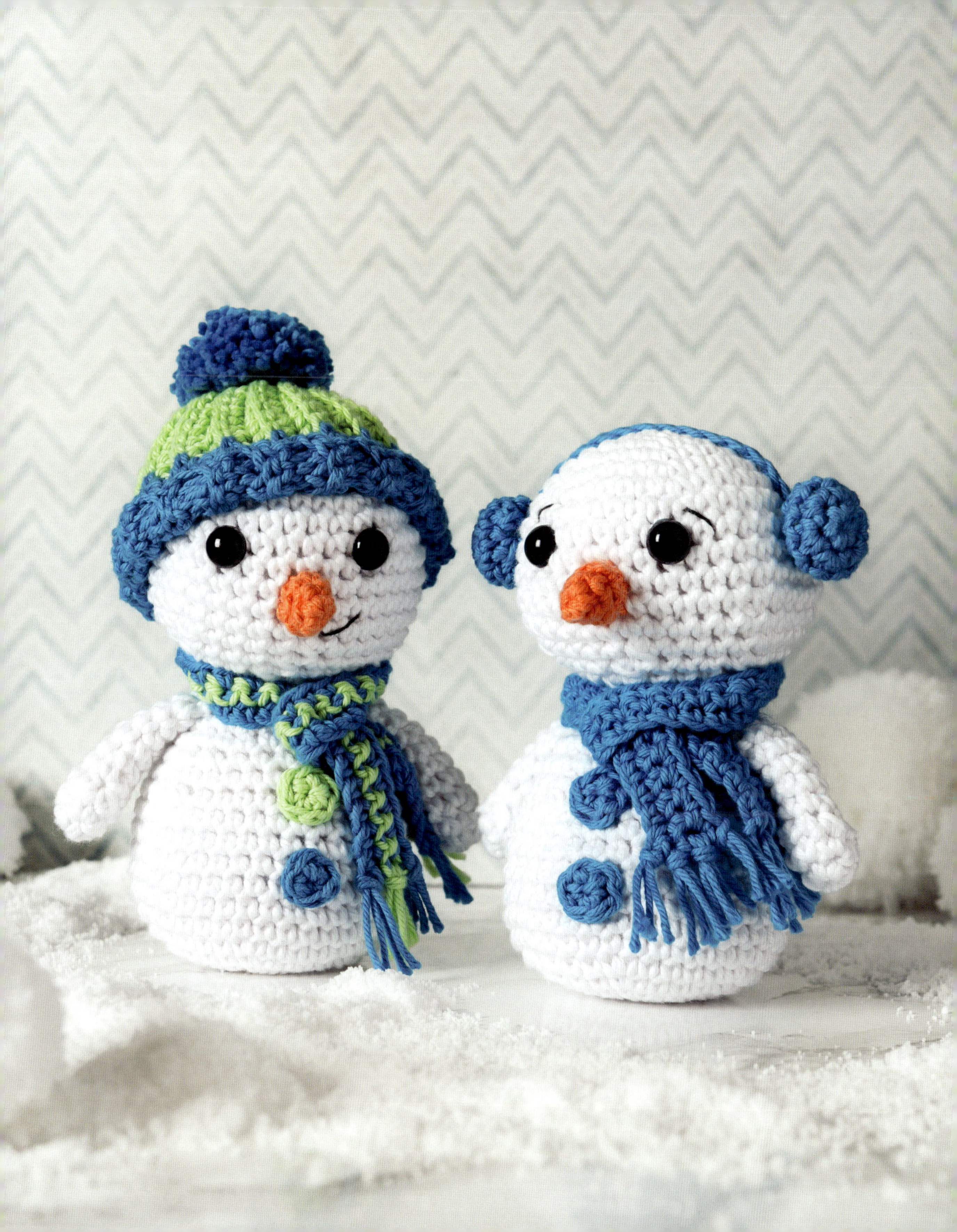

Körper

Mit Farbe A 2 Lm häkeln.

1. Runde: 6 fM in die 2. Lm von der Nadel (= 6 M).

2. Runde: 2 fM in jede M (= 12 M).

3. Runde: (1 fM, 2 fM in die nächste M) 6 x (= 18 M).

4. Runde: (2 fM, 2 fM in die nächste M) 6 x (= 24 M).

5. Runde: (3 fM, 2 fM in die nächste M) 6 x (= 30 M).

6. Runde: (4 fM, 2 fM in die nächste M) 6 x (= 36 M).

7.–12. Runde: 1 fM in jede M.

13. Runde: (4 fM, 2 fM zus) 6 x (= 30 M).

14. Runde: 1 fM in jede M.

15. Runde: (3 fM, 2 fM zus) 6 x (= 24 M).

16. Runde: 1 fM in jede M.

17. Runde: (2 fM, 2 fM zus) 6 x (= 18 M).

16. Runde: (1 fM, 2 fM zus) 6 x (= 12 M).

Abmaschen und den Faden zum Annähen an den Kopf lang hängen lassen.

Arme (2 x häkeln)

Mit Farbe A 2 Lm häkeln.

1. Runde: 6 fM in die 2. Lm von der Nadel (= 6 M).

2. Runde: (1 fM, 2 fM in die nächste M) 3 x (= 9 M).

3. Runde: (1 fM, 2 fM zus) 3 x (= 6 M).

4.–9. Runde: 1 fM in jede M.

Abmaschen und den Faden zum Annähen an den Körper lang hängen lassen.

Ohrenwärmer (2 x häkeln)

Mit Farbe C 2 Lm häkeln.

1. Runde: 6 fM in die 2. Lm von der Nadel (= 6 M).

2. Runde: 2 fM in jede M (= 12 M).

3. Runde: 1 fM in jede M).

4. Runde: (2 fM zus) 6 x (= 6 M).

Abmaschen. Die Ohrenwärmer ausstopfen und die Öffnung schließen, dabei den Faden zum Annähen an den Kopf lang hängen lassen.

Verbindungsband für die Ohrenwärmer

Mit Farbe C 14 Lm häkeln, dabei den Anfangsfaden lang stehen lassen. Abmaschen und den Faden zum Annähen an den Kopf lang hängen lassen.

Blauer Schal

Mit Farbe C 41 Lm häkeln.

1. Reihe: 1 fM in die 2. Lm von der Nadel, 1 fM in jede M, wenden (= 40 M).

2. und 3. Reihe: 1 Lm, 1 fM in jede M, wenden.

Abmaschen und Fadenenden vernähen. An die Schalenden jeweils vier 1,5 cm lange Fransen knoten, dabei jeweils zwei Fäden pro Franse verwenden.

Blau-grüner Schal

Mit Farbe C 41 Lm häkeln.

1. Reihe: 1 fM in die 2. Lm von der Nadel, 1 fM in jede M, wenden (= 40 M).

2. Reihe: Zu Farbe D wechseln, 1 Lm, 1 fM in jede M, wenden.

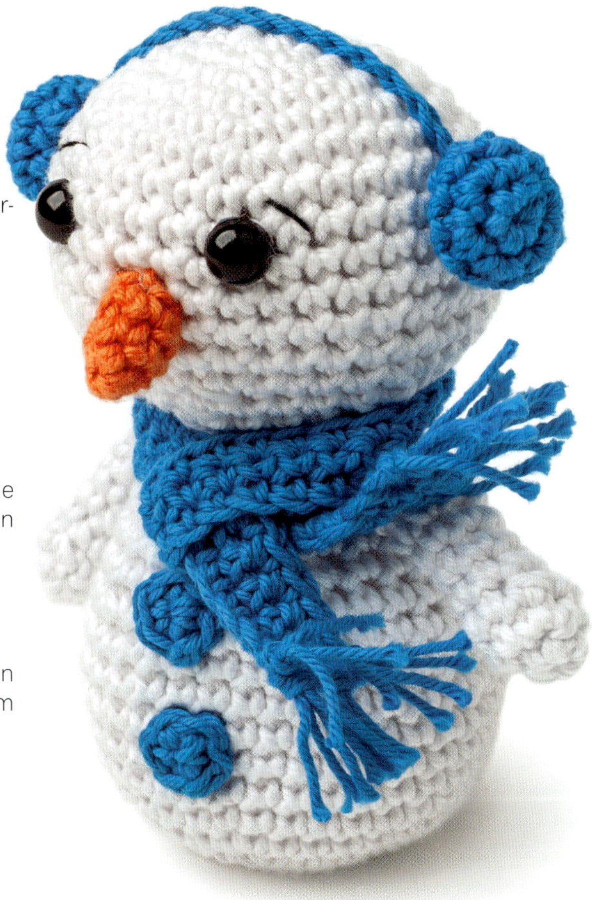

3. Reihe: Zu Farbe C wechseln, 1 Lm, 1 fM in jede M, wenden.

Abmaschen und Fadenenden vernähen. An die Schalenden jeweils drei 1,5 cm lange Fransen knoten, dabei jeweils zwei Fäden pro Franse farblich passend zur jeweiligen Reihe verwenden.

Bommelmütze

Mit Farbe C 7 Lm häkeln, zu Farbe D wechseln, 8 Lm. Den Faden beim Farbwechsel nicht abschneiden, sondern auf der Rückseite mitführen (= 15 M).

1. Reihe: In Farbe D 1 fM in die 2. Lm von der Nadel, 6 fM, in Farbe C 7 fM, wenden (= 14 M).

2. Reihe (hMg): 1 Lm, 7 fM in Farbe C, 7 fM in Farbe D, wenden.

3. Reihe (hMg): 1 Lm, 7 fM in Farbe D, 7 fM in Farbe C, wenden.

Die 2. und 3. Reihe noch 16 x wdh, dann noch 1 x die 2. Reihe häkeln. Abmaschen. Die kurzen Kanten zusammennähen, also die 1. und 36. Reihe. Die Mützenspitze zusammenraffen und den unteren Rand umschlagen. Aus Farbe C einen 35 mm großen Pompon anfertigen und oben an die Mütze nähen.

Knopf (2 x häkeln)

Mit Farbe C oder D 2 Lm häkeln.

1. Runde: 5 fM in die 2. Lm von der Nadel, mit 1 Km an der 1. M verbinden (= 5 M).

Abmaschen und den Faden zum Annähen an den Körper lang hängen lassen.

Fertigstellen

Die Sicherheitsaugen am Kopf zwischen der 8. und 9. Runde im Abstand von 6 M anbringen. Den Kopf ausstopfen. Die Nase ausstopfen und an den Kopf nähen. Augenbrauen oder einen Mund aufsticken. Den Körper ausstopfen und an den Kopf nähen. Die Hände ausstopfen; die Enden der Arme flach drücken und an den Körper nähen. Die Bommelmütze oder die Ohrenwärmer auf den Kopf nähen. Bei der Mütze durch den gefalteten Rand und den Kopf nähen, sodass sie fest auf dem Kopf sitzt. Die Ohrenwärmer auf beiden Seiten des Kopfes auf der Höhe der Augen anbringen. Die Enden des Verbindungsbandes an der Stelle, an der die Ohrenwärmer angenäht sind, festnähen. Den Schal um den Hals wickeln mit ein paar kleinen Stichen vorne am Körper befestigen. Die Knöpfe vorne auf den Körper nähen.

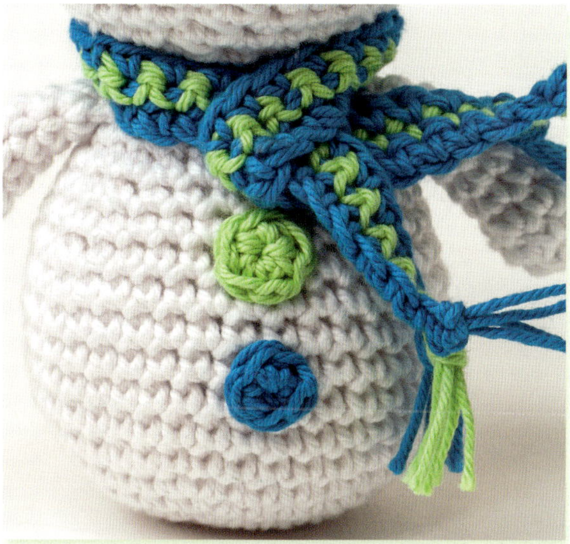

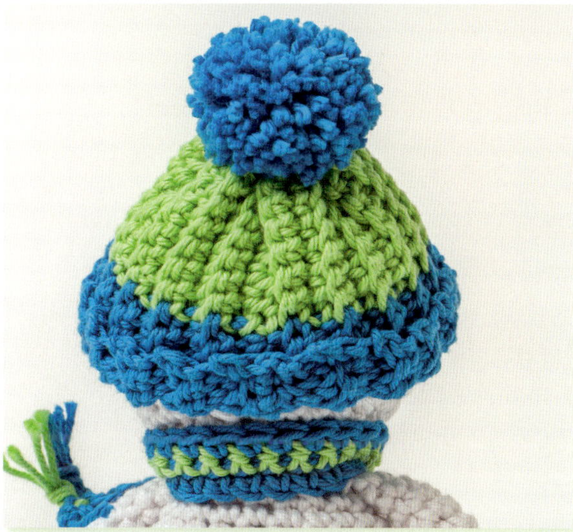

TIPP

Um dem Kopf des Schneemannes als Christbaumkugel zu verwenden, den Kopf nach dem Ausstopfen mit einer letzten Runde mit 6 x 2 fM zus beenden und dann die Öffnung schließen. Zum Aufhängen am Weihnachtsbaum einen Faden oder eine Baumwollschnur oben am Kopf oder Hut befestigen. Auch der Kopf des Weihnachtselfs (siehe Seite 42) eignet sich dafür.

Weihnachtsmann und Weihnachtsfrau

HERZIGES PAAR

Material

Für eine Figur:

- Baumwollgarn (LL 25 g/57,5 m), je 1 Knäuel in Rot (A), Weiß (B) und Hautfarben (C) sowie kleine Reste in Schwarz (D), Rosa (E) und Gelb (F)
- 2 Sicherheitsaugen, 10 mm
- Rotes und schwarzes Stickgarn
- Füllmaterial

Zubehör

- Häkelnadel 3,5 mm
- Maschenmarkierer

Fertige Größe

- 17–18 cm hoch

Anleitung

Hinweis: Wenn ein Teil nur für den Weihnachtsmann oder nur für die Weihnachtsfrau angefertigt werden muss, wird das eigens erwähnt. Ansonsten müssen die Teile für beide Figuren gehäkelt werden.

Kopf

Mit Farbe C 2 Lm häkeln.

1. Runde: 6 fM in die 2. Lm von der Nadel (= 6 M).

2. Runde: 2 fM in jede M (= 12 M).

3. Runde: (1 fM, 2 fM in die nächste M) 6 x (= 18 M).

4. Runde: (2 fM, 2 fM in die nächste M) 6 x (= 24 M).

5. Runde: (3 fM, 2 fM in die nächste M) 6 x (= 30 M).

6. Runde: (4 fM, 2 fM in die nächste M) 6 x (= 36 M).

7.–12. Runde: 1 fM in jede M.

13. Runde: (4 fM, 2 fM zus) 6 x (= 30 M).

14. Runde: (3 fM, 2 fM zus) 6 x (= 24 M).

15. Runde: (2 fM, 2 fM zus) 6 x (= 18 M).

16. Runde: (1 fM, 2 fM zus) 6 x (= 12 M).

Abmaschen.

Bart (Weihnachtsmann)

Mit Farbe B 23 Lm häkeln.

1. Reihe: 1 fM in die 2. Lm von der Nadel, 2 fM, 3 hStb, 3 hStb in die nächste M, 8 hStb, 3 hStb in die nächste M, 3 hStb, 3 fM, wenden (= 26 M).

2. Reihe: 3 Km, 5 fM, (fM, hStb) in die nächste M, 8 hStb, (hStb, fM) in die nächste M, 5 fM, 3 Km (= 28 M, inkl. Km).

Abmaschen und den Faden zum Annähen an den Kopf lang hängen lassen.

Wange (2 x häkeln)

Mit Farbe E 2 Lm häkeln.

1. Runde: 6 fM in die 2. M von der Nadel, mit 1 Km mit der 1. M verbinden (= 6 M).

Abmaschen und den Faden zum Annähen an den Kopf lang hängen lassen.

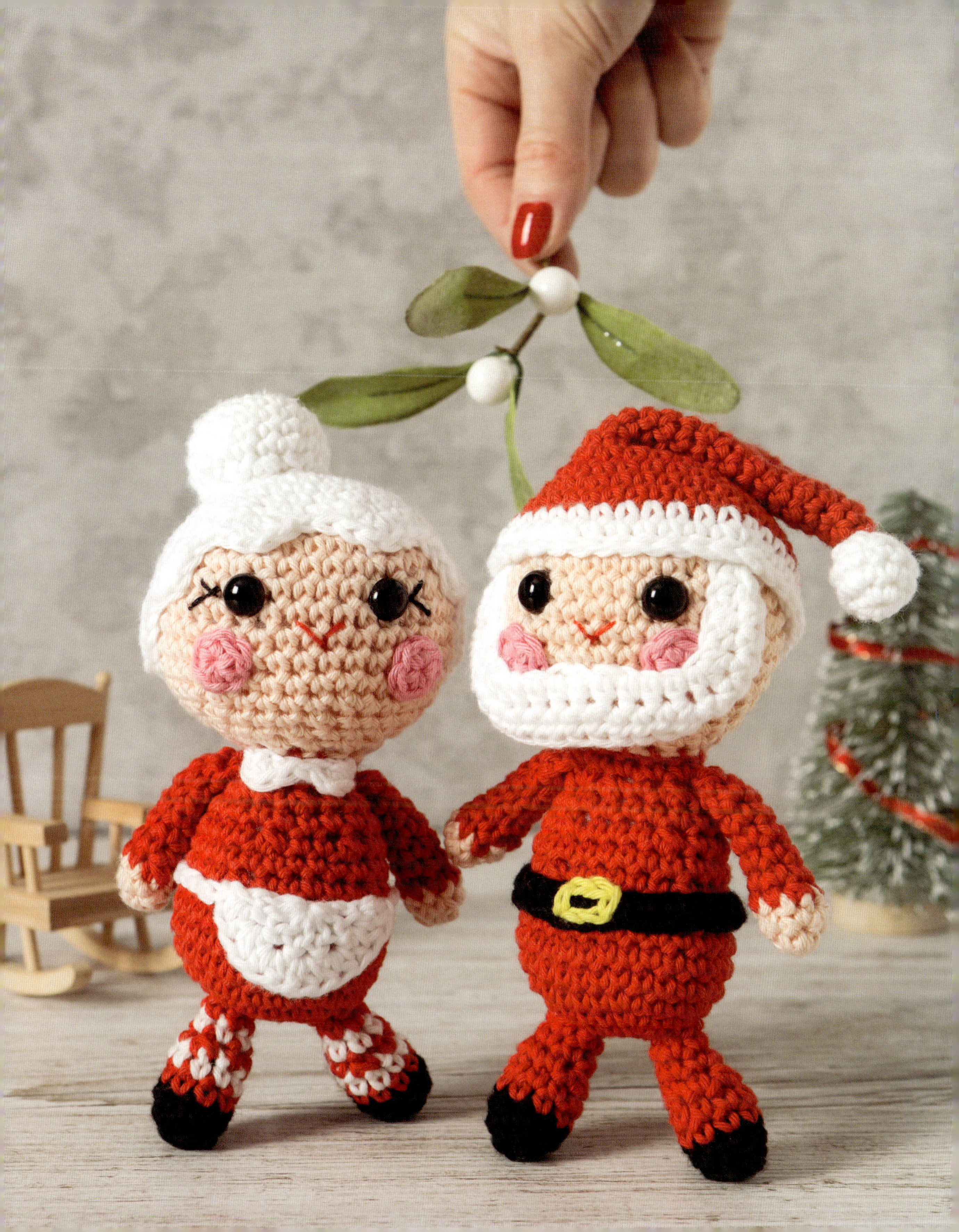

Körper

Mit Farbe A 5 Lm häkeln.

1. Runde: 2 fM in die 2. Lm von der Nadel, 2 fM, 3 fM in die letzte Lm, dabei unten auf der Lm-Kette häkeln, 3 fM (= 10 M).

2. Runde: Jeweils 2 fM in die nächsten 2 M, 2 fM, jeweils 2 fM in die nächsten 3 M, 2 fM, 2 fM in die nächste M (= 16 M).

3. Runde: (1 fM, 2 fM in die nächste M) 2 x, 2 fM, (1 fM, 2 fM in die nächste M) 3 x, 3 fM, 2 fM in die nächste M (= 22 M).

4. Runde: (2 fM, 2 fM in die nächste M) 2 x, 2 fM, (2 fM, 2 fM in die nächste M) 3 x, 4 fM, 2 fM in die nächste M (= 28 M).

5.–8. Runde: 1 fM in jede M.

9. Runde: (5 fM, 2 fM zus) 4 x (= 24 M).

10. Runde: 1 fM in jede M.

11. Runde: (2 fM, 2 fM zus) 6 x (= 18 M).

12. Runde: 1 fM in jede M.

13. Runde: (1 fM, 2 fM zus) 6 x (= 12 M).

14. Runde: 1 fM in jede M.

Abmaschen und den Faden zum Annähen an den Kopf lang hängen lassen.

Arm (2 x häkeln)

Mit Farbe C 2 Lm häkeln.

1. Runde: 6 fM in die 2. Lm von der Nadel (= 6 M).

2. Runde: (1 fM, 2 fM in die nächste M) 3 x (= 9 M).

3. Runde: Zu Garn A wechseln (1 fM, 2 fM zus) 3 x (= 6 M).

4.–9. Runde: 1 fM in jede M.

Abmaschen und den Faden zum Annähen an den Körper lang hängen lassen.

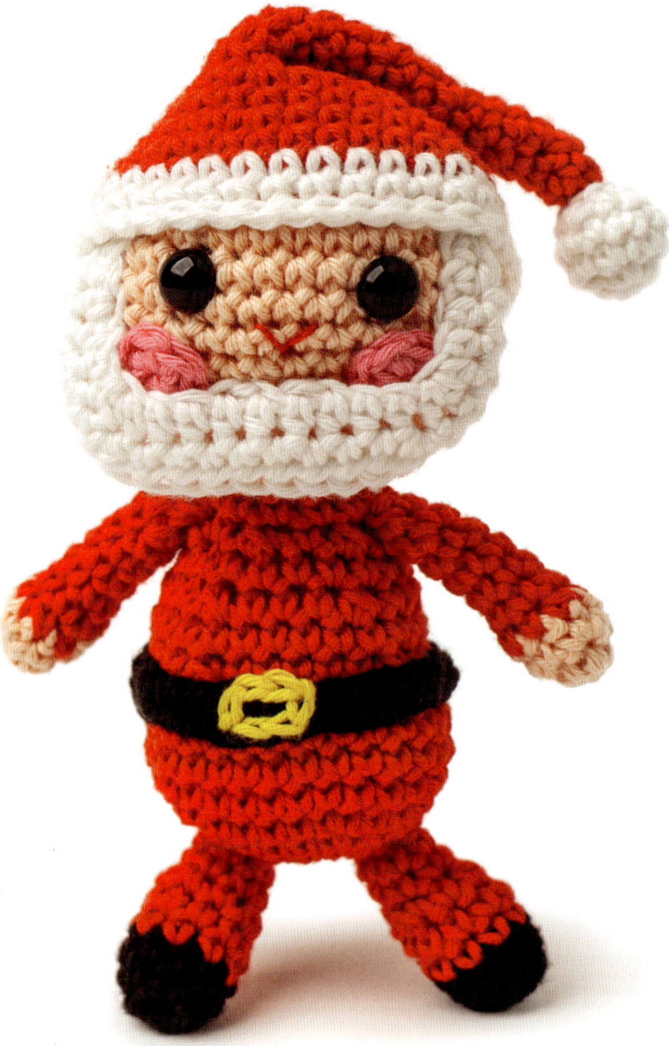

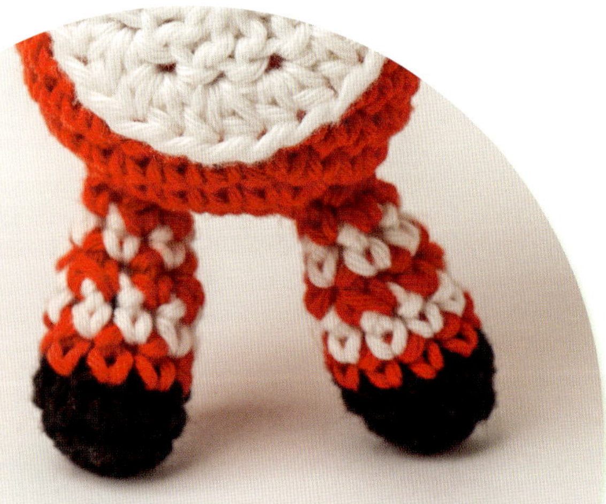

Bein (2 x häkeln)

Mit Farbe D 2 Lm häkeln.

1. Runde: 6 fM in die 2. Lm von der Nadel (= 6 M).

2. Runde: (1 fM, 2 fM in die nächste M) 3 x (= 9 M).

3. Runde: 1 fM in jede M.

Zu Farbe A wechseln. Für die Weihnachtsfrau abwechselnd mit Farbe A und B bis zum Ende häkeln. Den Faden dabei nicht abschneiden, sondern hinter der Arbeit mitführen.

4. und 5. Runde: 1 fM in jede M.

6. Runde: (1 fM, 2 fM zus) 3 x (= 6 M).

7. und 8. Runde: 1 fM in jede M.

Abmaschen und den Faden zum Annähen an den Körper lang hängen lassen.

Gürtel (Weihnachtsmann)

Mit Farbe D 24 Lm häkeln, mit 1 Km mit der 1. M verbinden.

1. Runde: 2 Lm, 24 fM, mit 1 Km mit der 1. M verbinden (= 24 M).

Abmaschen und den Faden zum Annähen an den Körper lang hängen lassen.

Schnalle (Weihnachtsmann)

Mit Farbe F oben auf dem Gürtel anschlingen, 2 Km an der Gürtelkante, um 90 Grad drehen, 1 Km über den Gürtel, um 90 Grad drehen, 2 Km an der Gürtelkante, um 90 Grad drehen, 1 Km über den Gürtel. Abmaschen und die Fadenenden vernähen.

Mütze (Weihnachtsmann)

Mit Farbe A 2 Lm häkeln.

1. Runde: 6 fM in die 2. M von der Nadel (= 6 M).

2. und 3. Runde: 1 fM in jede M.

4. Runde: (1 fM, 2 fM in die nächste M) 3 x (= 9 M).

5. und 6. Runde: 1 fM in jede M.

7. Runde: (2 fM, 2 fM in die nächste M) 3 x (= 12 M).

8. und 9. Runde: 1 fM in jede M.

10. Runde: (3 fM, 2 fM in die nächste M) 3 x (= 15 M).

11. Runde: 1 fM in jede M.

12. Runde: (4 fM, 2 fM in die nächste M) 3 x (= 18 M).

13. Runde: 1 fM in jede M.

14. Runde: (5 fM, 2 fM in die nächste M) 3 x (= 21 M).

15. Runde: 1 fM in jede M.

16. Runde: (6 fM, 2 fM in die nächste M) 3 x (= 24 M).

17. Runde: 1 fM in jede M.

18. Runde: (3 fM, 2 fM in die nächste M) 6 x (= 30 M).

19. Runde: 1 fM in jede M.

20. Runde: (4 fM, 2 fM in die nächste M) 6 x (= 36 M).

21. Runde: 1 fM in jede M.

22. und 23. Runde: Zu Farbe B wechseln, 1 fM in jede M.

24. Runde (vMg): 1 Km in jede M.

Abmaschen und den Faden zum Annähen an den Kopf lang hängen lassen.

Bommel (Weihnachtsmann)

Mit Farbe B 2 Lm häkeln.

1. Runde: 6 fM in die 2. M von der Nadel (= 6 M).

2. Runde: 2 fM in jede M (= 12 M).

3. Runde: 1 fM in jede M.

4. Runde: 2 fM zus 6 x (= 6 fM).

Abmaschen. Den Bommel ausstopfen und die Öffnung schließen. Den Faden zum Annähen an die Mütze lang hängen lassen.

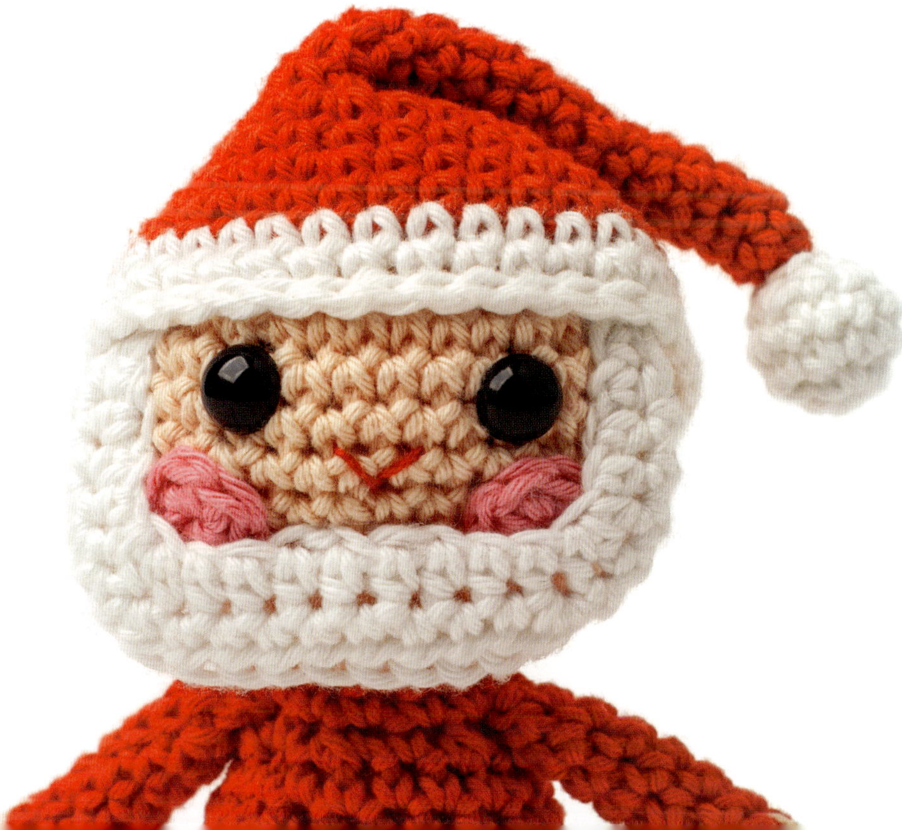

Haare (Weihnachtsfrau)

Haare (Weihnachtsfrau)

Mit Farbe B 2 Lm häkeln.

1. Runde: 6 fM in die 2. Lm von der Nadel (= 6 M).

2. Runde: 2 fM in jede M (= 12 M).

3. Runde: (1 fM, 2 fM in die nächste M) 6 x (= 18 M).

4. Runde: (2 fM, 2 fM in die nächste M) 6 x (= 24 M).

5. Runde: (3 fM, 2 fM in die nächste M) 6 x (= 30 M).

6. Runde: (4 fM, 2 fM in die nächste M) 6 x (= 36 M).

7.–10. Runde: 1 fM in jede M.

11. Runde: 6 fM, *1 M überspringen, 5 hStb in die nächste M, 1 M überspringen, Km in die nächste M, ab * noch 4 x wdh, 1 M überspringen, 5 hStb in die nächste M, 1 M überspringen, 7 fM (= 13 M, 6 Bögen).

Abmaschen und den Faden zum Annähen an den Kopf lang hängen lassen.

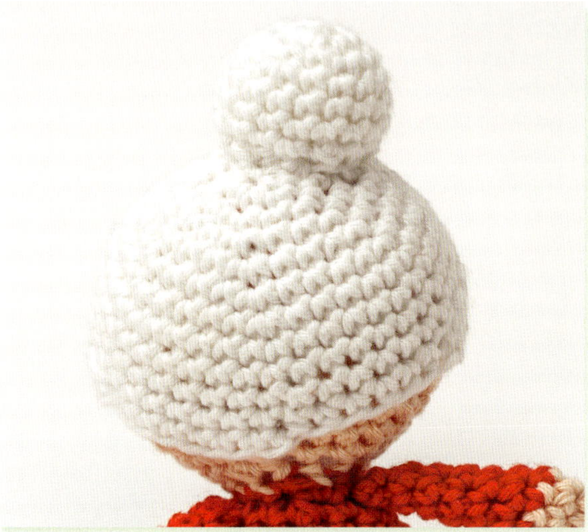

Dutt (Weihnachtsfrau)

Mit Farbe B 2 Lm häkeln.

1. Runde: 6 fM in die 2. Lm von der Nadel (= 6 M).

2. Runde: 2 fM in jede M (= 12 M).

3. Runde: (1 fM, 2 fM in die nächste M) 6 x (= 18 M).

4.–6. Runde: 1 fM in jede M.

7. Runde: (1 fM, 2 fM zus) 6 x (= 12 M).

Abmaschen und den Faden zum Annähen an die Haare lang hängen lassen.

Schürze (Weihnachtsfrau)

Mit Farbe B 4 Lm häkeln.

1. Reihe: 5 Stb in die 4. Lm von der Nadel (die ersten 3 Lm zählen als 1 Stb), wenden (= 6 M).

2. Reihe: 2 Lm (zählen als 1 Stb), 1 Stb in die 1. M, 2 Stb in jede M (= 12 M).

Für den Bändel 18 Lm häkeln, mit 1 Km an der anderen Seite der Schürze verbinden.

Abmaschen und den Faden zum Annähen an den Körper lang hängen lassen.

Kette (Weihnachtsfrau)

Mit Farbe B 5 Lm häkeln.

1. Reihe: (1 fM, 1 hStb, 1 fM) in die 2. M von der Nadel, 2 Km, (1 fM, 1 hStb, 1 fM) in die letze Lm (= 8 M, inkl. Km).

Abmaschen und den Faden zum Annähen an den Körper lang hängen lassen.

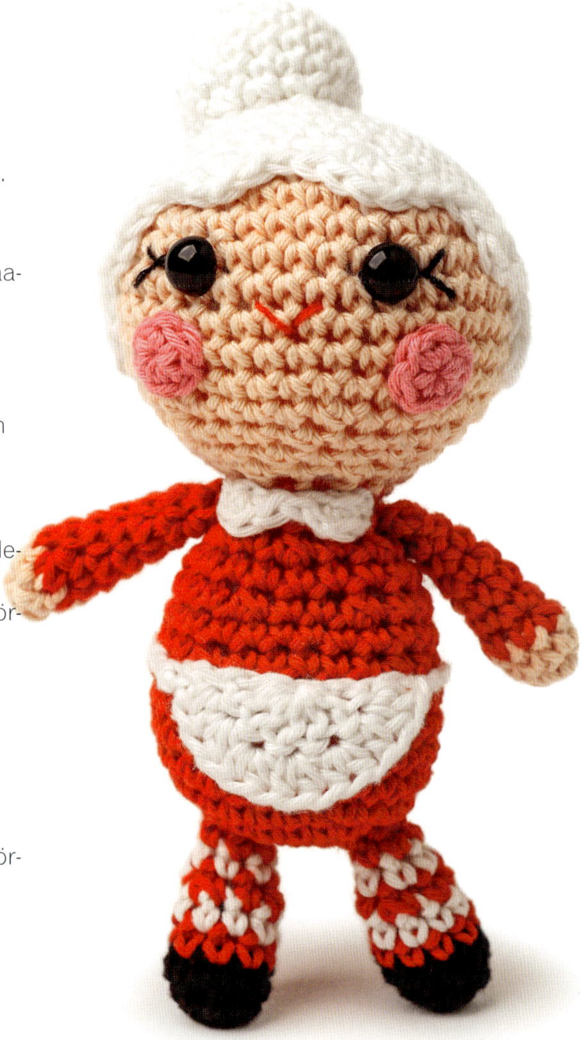

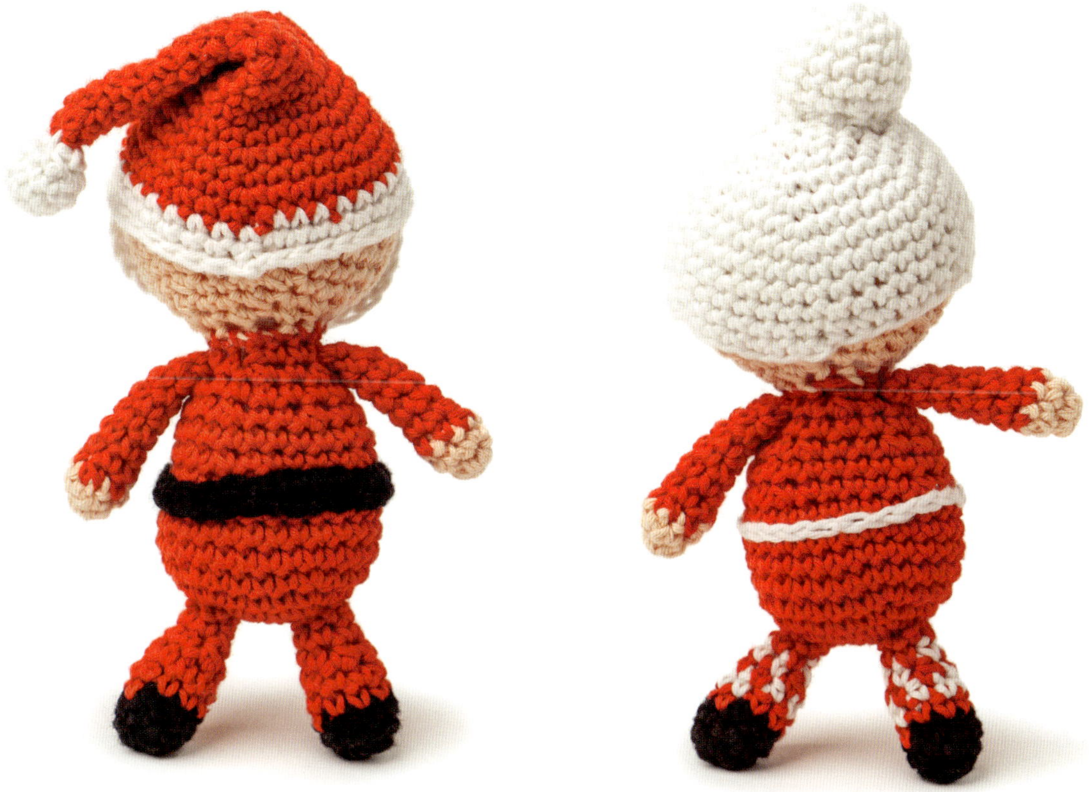

Fertigstellen

Weihnachtsmann

Siehe Seite 22–28 für die Schritt-für-Schritt-Anleitung. Die Sicherheitsaugen zwischen der 8. und 9. Runde im Abstand von 6 M anbringen. Den Kopf ausstopfen. Die Wangen und den Bart an den Kopf nähen. Mit rotem Stickgarn den Mund aufsticken. Den Bommel an die Mütze und diese an den Kopf nähen. Das Mützenende falten und mit ein paar Stichen fixieren. Den Körper ausstopfen und den Gürtel aufnähen. Den Körper an den Kopf nähen. Die Hände ausstopfen; die Enden der Arme flach drücken und an den Körper nähen. Die Beine ausstopfen und an den Körper nähen.

Weihnachtsfrau

Die Augen wie beim Weihnachtsmann anbringen. Den Kopf ausstopfen und die Wangen aufnähen. Mit rotem Stickgarn den Mund, mit schwarzem Stickgarn die Wimpern aufsticken. Die Haare an den Kopf nähen. Den Dutt ausstopfen und leicht nach hinten versetzt oben an den Kopf nähen. Den Körper ausstopfen und die Schürze aufnähen, dabei entlang der Luftmaschenkette und der oberen Schürzenkante nähen. Den Kopf an den Körper nähen. Die Arme wie beim Weihnachtsmann ausstopfen und annähen. Die Beine ausstopfen und an den Körper nähen. Die Kette an den Hals nähen.

Weihnachtselfen

FROHE WEIHNACHTEN FÜR DIE ELFEN!

Material

Für einen Elf:

* Baumwollgarn (LL 25 g/57,5 m), je 1 Knäuel in Grün (A), Gelb [oder Rot] (B) und Hautfarben (C) sowie Reste in Schwarz (D) und Rosa (E)
* 2 Sicherheitsaugen, 10 mm
* Rotes Stickgarn
* Füllmaterial
* Glöckchen, 10 mm, in Gold oder Rot

Zubehör

* Häkelnadel 3,5 mm
* Maschenmarkierer

Fertige Größe

* 19 cm hoch

Anleitung

Hinweis: Die Anleitung gilt für den grün-gelben Elf. Für den grün-roten Elf die Halskrause und den Gürtel mit rotem Garn häkeln. Die Schnalle in Gelb anfertigen. Die Mütze in Grün arbeiten, dabei für die beiden letzten Runden zu Rot wechseln. Ein rotes Glöckchen an die Mütze nähen. Für die Beine im Wechsel mit grünem und rotem Garn häkeln.

Kopf

Mit Farbe C 2 Lm häkeln.

1. Runde: 6 fM in die 2. Lm von der Nadel (= 6 M).

2. Runde: 2 fM in jede M (= 12 M).

3. Runde: (1 fM, 2 fM in die nächste M) 6 x (= 18 M).

4. Runde: (2 fM, 2 fM in die nächste M) 6 x (= 24 M).

5. Runde: (3 fM, 2 fM in die nächste M) 6 x (= 30 M).

6. Runde: (4 fM, 2 fM in die nächste M) 6 x (= 36 M).

7.–12. Runde: 1 fM in jede M.

13. Runde: (4 fM, 2 fM zus) 6 x (= 30 M).

14. Runde: (3 fM, 2 fM zus) 6 x (= 24 M).

15. Runde: (2 fM, 2 fM zus) 6 x (= 18 M).

16. Runde: (1 fM, 2 fM zus) 6 x (= 12 M).

Abmaschen.

Ohr (2 x häkeln)

Mit Farbe C 3 Lm häkeln.

1. Runde: 2 fM in die 2. M von der Nadel, (fM, 3 Lm, fM) in die nächste Lm, dabei an der unteren Kante der Lm arbeiten, 2 fM in die nächste M, mit 1 Km mit der 1. fM verbinden (= 6 M, 3 Lm).

Abmaschen und den Faden zum Annähen an den Kopf lang hängen lassen.

Wange (2 x häkeln)

Mit Farbe E 2 Lm häkeln.

1. Runde: 6 fM in die 2. Lm von der Nadel, mit Km mit der 1. fM verbinden (= 6 M).

Abmaschen und den Faden zum Annähen an den Kopf lang hängen lassen.

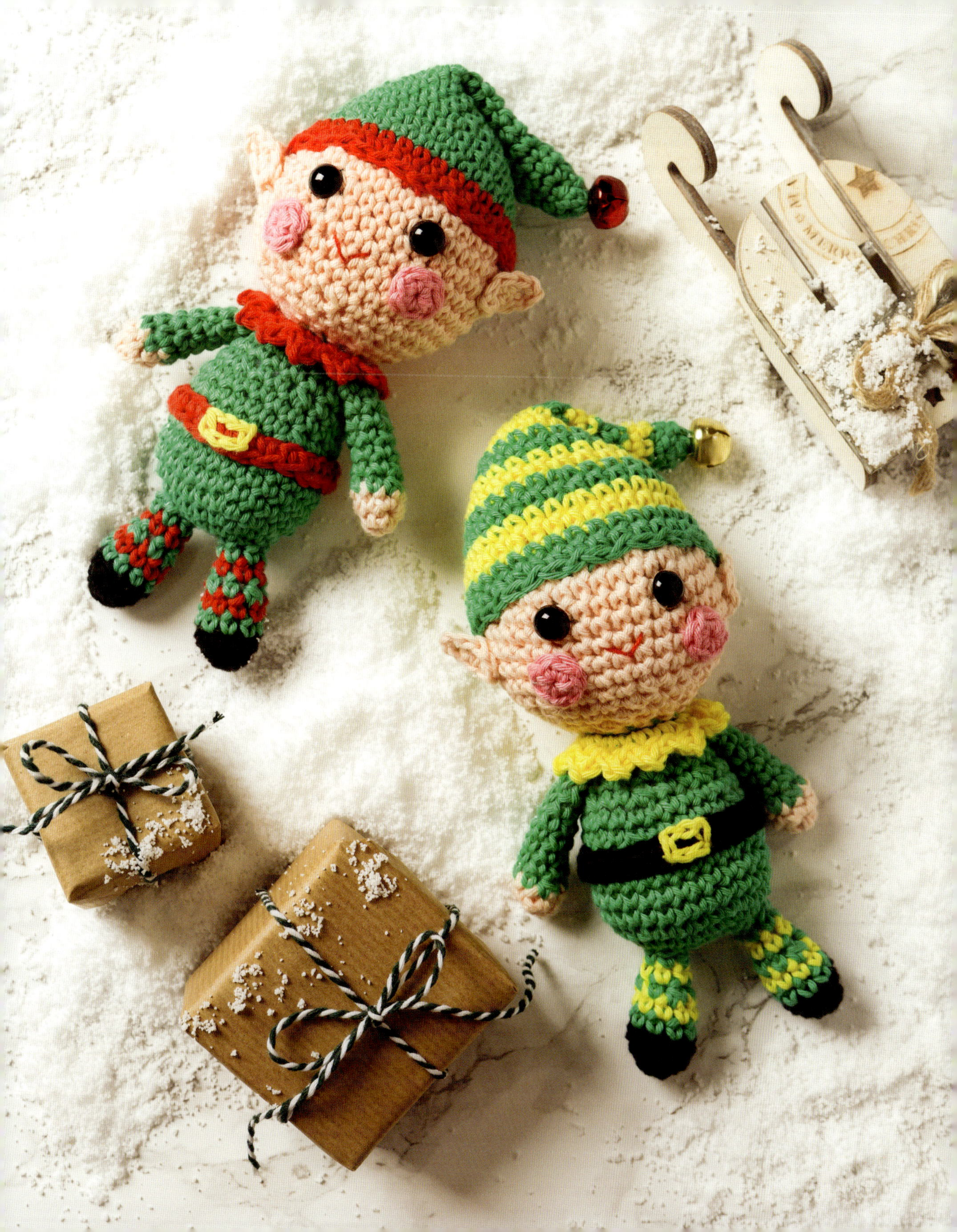

Körper

Mit Farbe A 5 Lm häkeln.

1. Runde: 2 fM in die 2. Lm von der Nadel, 2 fM, 3 fM in die letzte Lm, dabei an der unteren Kante der Lm arbeiten, 3 fM (= 10 M).

2. Runde: jeweils 2 fM in die beiden nächsten M, 2 fM, jeweils 2 fM in die nächsten 3 M, 2 fM, 2 fM in die nächste M (= 16 M).

3. Runde: (1 fM, 2 fM in die nächste M) 2 x, 2 fM, (1 fM, 2 fM in die nächste M) 3 x, 3 fM, 2 fM in die nächste M (= 22 M).

4. Runde: (2 fM, 2 fM in die nächste M) 2 x, 2 fM, (2 fM, 2 fM in die nächste M) 3 x, 4 fM, 2 fM in die nächste M (= 28 M).

5.–8. Runde: 1 fM in jede M.

9. Runde: (5 fM, 2 fM zus) 4 x (= 24 M).

10. Runde: 1 fM in jede M.

11. Runde: (2 fM, 2 fM zus) 6 x (= 18 M).

12. Runde: 1 fM in jede M.

13. Runde: (1 fM, 2 fM zus) 6 x (= 12 M).

14. Runde: 1 fM in jede M.

Abmaschen und den Faden zum Annähen an den Kopf lang hängen lassen.

Kragen

Farbe B an der letzte M am Körper anschlingen.

1. Runde (vMg): 1 Lm, 2 fM in jede M, mit 1 Km mit der 1. M verbinden (= 24 M).

2. Runde: *2 Lm, fM in die 2. M von der Nadel, 1 M aus der 1. Runde überspringen, Km in die nächste M, von * noch 11 x wdh.

Abmaschen und Fadenenden vernähen.

Arm (2 x häkeln)

Mit Farbe C 2 Lm häkeln.

1. Runde: 6 fM in die 2. Lm von der Nadel (= 6 M).

2. Runde: (1 fM, 2 fM in die nächste M) 3 x (= 9 M).

Zu Farbe A wechseln.

3. Runde: (1 fM, 2 fM zus) 3 x (= 6 M).

4.–9. Runde: 1 fM in jede M.

Abmaschen und den Faden zum Annähen an den Körper lang hängen lassen.

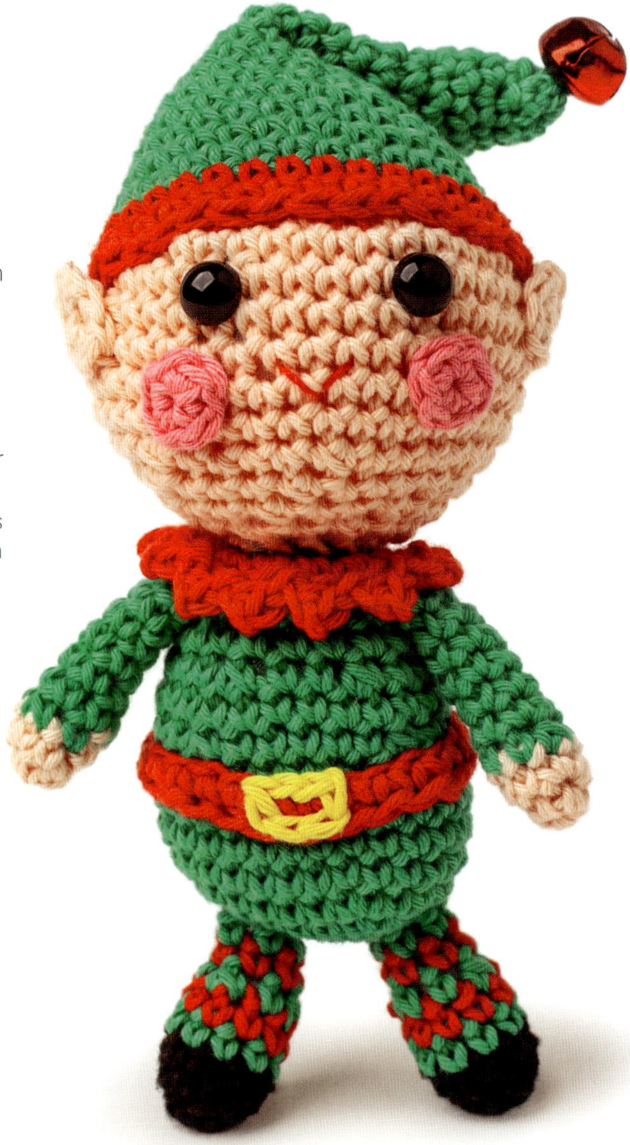

Bein (2 x häkeln)

Bein (2 x häkeln)

Mit Farbe D 2 Lm häkeln.

1. Runde: 6 fM in die 2. Lm von der Nadel (= 6 M).

2. Runde: (1 fM, 2 fM in die nächste M) 3 x (= 9 M).

3. Runde: 1 fM in jede M.

Zu Farbe A wechseln und bis zum Ende die Runden abwechselnd mit Farbe A und B häkeln. Den Faden dabei nicht abschneiden, sondern hinter der Arbeit mitführen.

4. und 5. Runde: 1 fM in jede M.

6. Runde: (1 fM, 2 fM zus) 3 x (= 6 M).

7. und 8. Runde: 1 fM in jede M.

Abmaschen und den Faden zum Annähen an den Körper lang hängen lassen.

Gürtel

Mit Farbe D 24 Lm häkeln, mit 1 Km mit der 1. M verbinden.

1. Runde: 1 Lm, 1 fM in jede M, mit 1 Km mit der 1. M verbinden (= 24 M).

Abmaschen und den Faden zum Annähen an den Körper lang hängen lassen.

Schnalle

Mit Farbe B oben auf dem Gürtel anschlingen, 2 Km an der Gürtelkante, um 90 Grad drehen, 1 Km über den Gürtel, um 90 Grad drehen, 2 Km an der Gürtelkante, um 90 Grad drehen, 1 Km über den Gürtel.

Abmaschen und die Fadenenden vernähen.

Mütze

Mit Farbe A 2 Lm häkeln.

1. Runde: 6 fM in die 2. M von der Nadel (= 6 M).

2. und 3. Runde: 1 fM in jede M.

Zu Farbe B wechseln und bis zum Ende abwechselnd zwei Runden in Farbe B und zwei Runden in Farbe A häkeln. Den Faden dabei nicht abschneiden, sondern hinter der Arbeit mitführen.

4. Runde: (1 fM, 2 fM in die nächste M) 3 x (= 9 M).

5. und 6. Runde: 1 fM in jede M.

7. Runde: (2 fM, 2 fM in die nächste M) 3 x (= 12 M).

8. und 9. Runde: 1 fM in jede M.

10. Runde: (3 fM, 2 fM in die nächste M) 3 x (= 15 M).

11. Runde: 1 fM in jede M.

12. Runde: (4 fM, 2 fM in die nächste M) 3 x (= 18 M).

13. Runde: 1 fM in jede M.

14. Runde: (5 fM, 2 fM in die nächste M) 3 x (= 21 M).

15. Runde: 1 fM in jede M.

16. Runde: (6 fM, 2 fM in die nächste M) 3 x (= 24 M).

17. Runde: 1 fM in jede M.

18. Runde: (3 fM, 2 fM in die nächste M) 6 x (= 30 M).

19. Runde: 1 fM in jede M.

20. Runde: (4 fM, 2 fM in die nächste M) 6 x (= 36 M).

21.–23. Runde: 1 fM in jede M.

Abmaschen und den Faden zum Annähen an den Kopf lang hängen lassen.

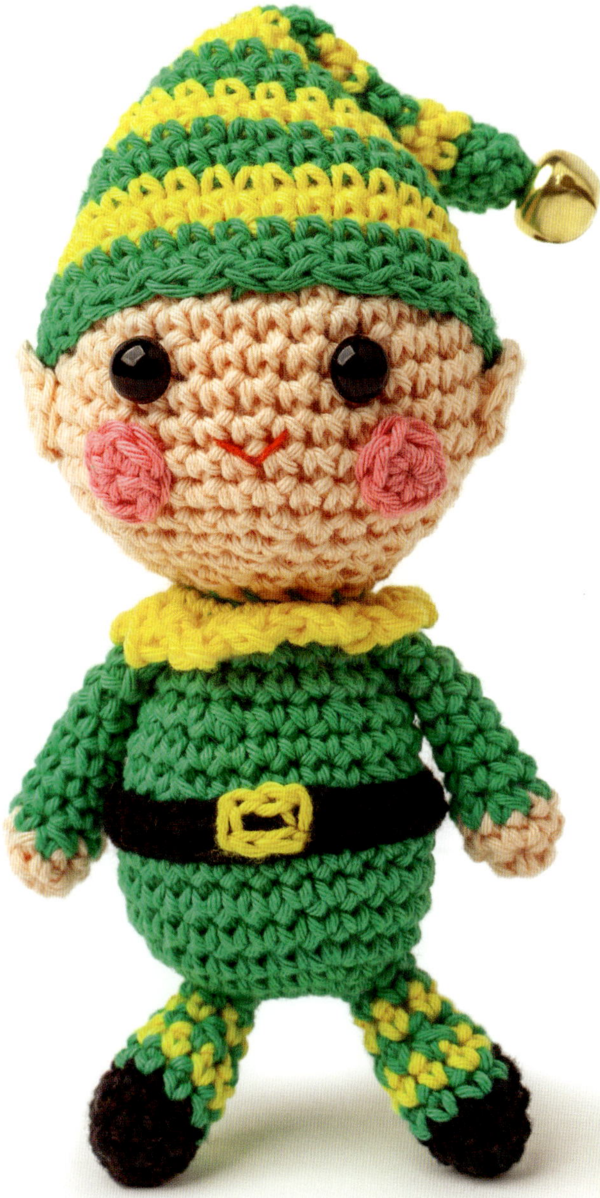

Fertigstellen

Die Sicherheitsaugen am Kopf zwischen der 8. und 9. Runde im Abstand von 6 M anbringen. Den Kopf ausstopfen. Die Wangen aufnähen und mit rotem Stickgarn den Mund aufsticken. Die Mützenspitze etwas ausstopfen und falten, mit ein paar Stichen fixieren. Die restliche Mütze etwas ausstopfen und an den Kopf nähen. Das goldene Glöckchen (oder für den grün-roten Elf das rote) an die Mütze nähen. Den Körper ausstopfen und den Gürtel aufnähen. Den Körper an den Kopf nähen. Die Hände ausstopfen; die Enden der Arme flach drücken und an den Körper nähen. Die Beine ausstopfen und an den Körper nähen.

Sicherheitshinweis: Die Glöckchen weglassen, wenn die Figuren für Kinder unter 3 Jahren bestimmt sind.

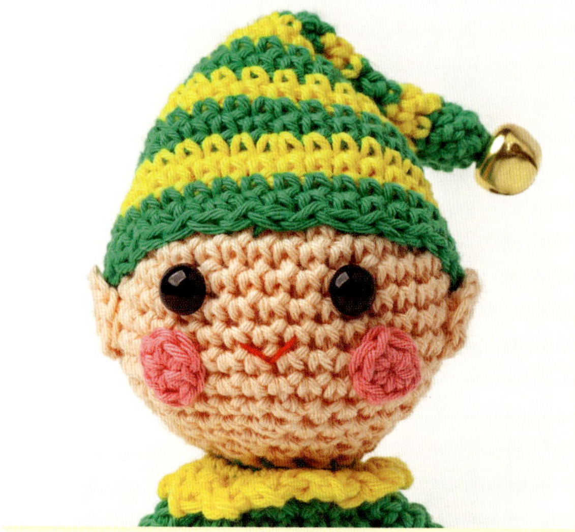

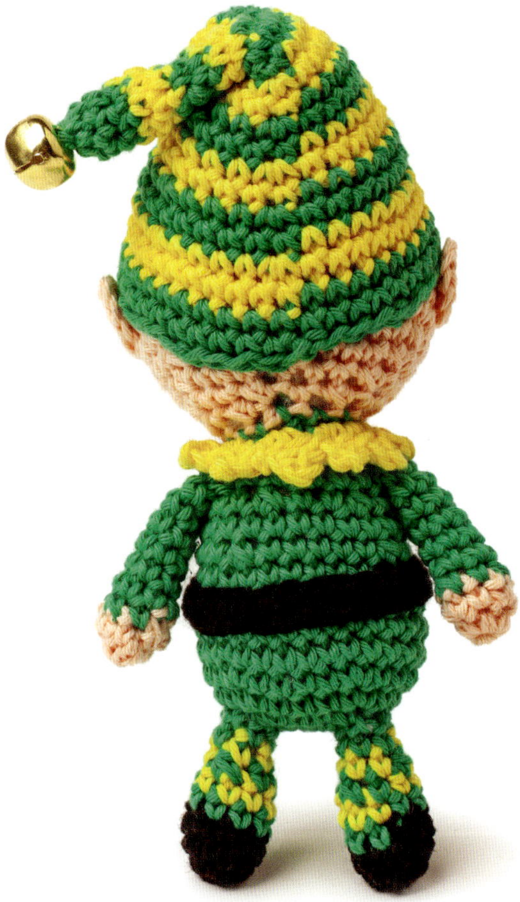

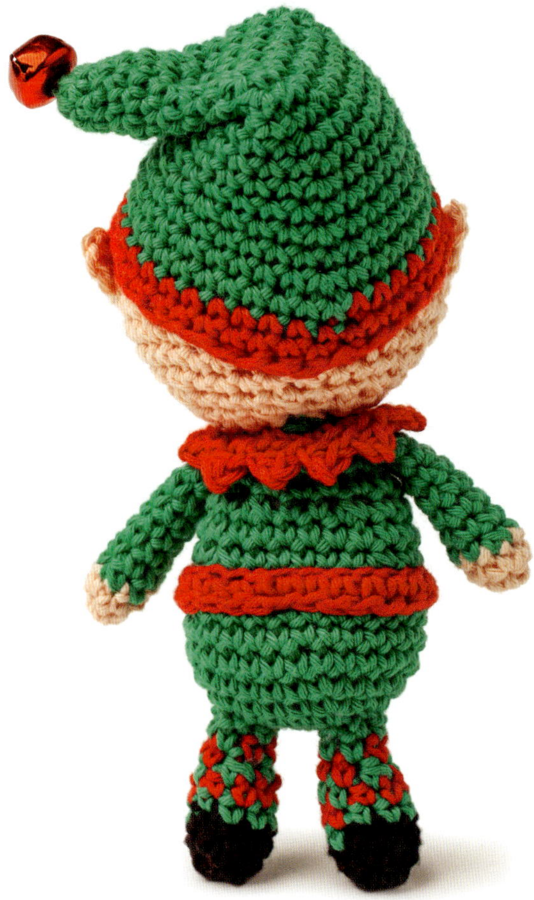

Rentier

RUDOLPH, DAS RENTIER – EINE GROSSE HILFE FÜR DEN WEIHNACHTSMANN!

Material

- Baumwollgarn (LL 25 g/57,5 m), 1 Knäuel in Braun (A) sowie Reste in Creme (B), Rot (C) und Rosa (D)
- 2 Sicherheitsaugen, 10 mm
- Füllmaterial

Zubehör

- Häkelnadel 3,5 mm
- Maschenmarkierer

Fertige Größe

- 15 cm hoch

Anleitung

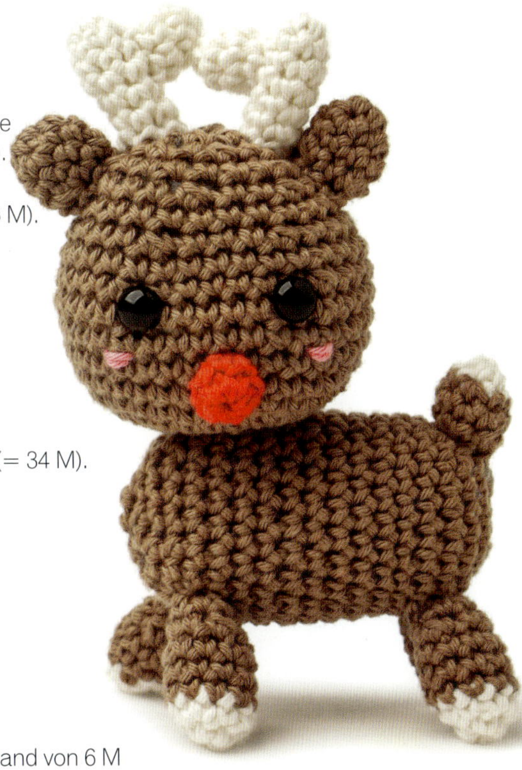

Kopf

Mit Farbe A 5 Lm häkeln.

1. Runde: 2 fM in die 2. Lm von der Nadel, 2 fM, 3 fM in die letzte Lm, dabei an der unteren Kante der Lm arbeiten, 3 fM (= 10 M).

2. Runde: je 2 fM in die beiden nächsten M, 2 fM, je 2 fM in die 3 nächsten M, 2 fM, 2 fM in die nächste M (= 16 M).

3. Runde: (1 fM, 2 fM in die nächste M) 2 x, 2 fM, (1 fM, 2 fM in die nächste M) 3 x, 3 fM, 2 fM in die nächste M (= 22 M).

4. Runde: (2 fM, 2 fM in die nächste M) 2 x, 2 fM, (2 fM, 2 fM in die nächste M) 3 x, 4 fM, 2 fM in die nächste M (= 28 M).

5. Runde: (3 fM, 2 fM in die nächste M) 2 x, 2 fM, (3 fM, 2 fM in die nächste M) 3 x, 5 fM, 2 fM in die nächste M (= 34 M).

6.–9. Runde: 1 fM in jede M.

10. Runde: (7 fM, 2 fM zus, 6 fM, 2 fM zus) 2 x (= 30 M).

11. Runde: 1 fM in jede M.

12. Runde: (3 fM, 2 fM zus) 6 x (= 24 M).

13. Runde: 1 fM in jede M.

14. Runde: (2 fM, 2 fM zus) 6 x (= 18 M).

15. Runde: 1 fM in jede M.

16. Runde: (1 fM, 2 fM zus) 6 x (= 12 M).

Die Sicherheitsaugen zwischen der 9. und 10. Runde im Abstand von 6 M anbringen. Mit Farbe D die Wangen aufsticken. Den Kopf ausstopfen.

17. Runde: (2 fM zus) 6 x (= 6 M).

Abmaschen und die Öffnung schließen.

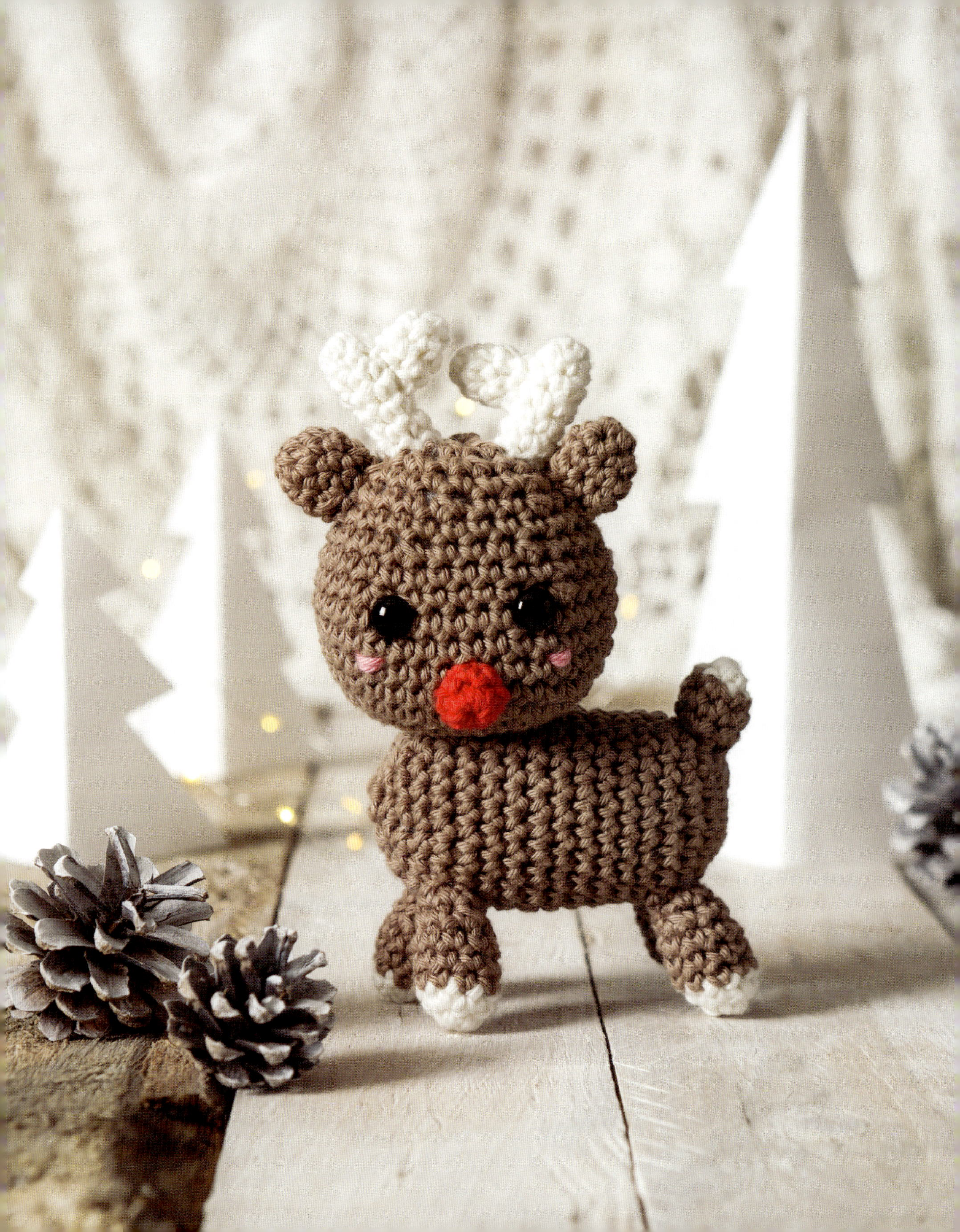

Körper

Mit Farbe A 5 Lm häkeln.

1. Runde: 2 fM in die 2. M von der Nadel, 2 fM, 3 fM in die letzte Lm, an der unteren Kante der Lm weiterarbeiten, 3 Lm (= 10 M).

2. Runde: Je 2 fM in die nächsten beiden M, 2 fM, je 2 fM in die nächsten 3 M, 2 fM, 2 fM in die nächste M (= 16 M).

3. Runde: (1 fM, 2 fM in die nächste M) 2 x, 2 fM, (1 fM, 2 fM in die nächste M) 3 x, 3 fM, 2 fM in die nächste M (= 22 M).

4.–15. Runde: 1 fM in jede M.

16. Runde: (2 fM zus, 1 fM) 3 x, 2 fM, (2 fM zus, 1 fM) 3 x, 2 fM (= 16 M).

17. Runde: (2 fM zus) 3 x, 2 fM, (2 fM zus) 3 x, 2 fM (= 10 M).

Den Körper ausstopfen.

18. Runde: (2 fM zus) 5 x (= 5 M).

Abmaschen und die Öffnung schließen.

Geweih (2 x häkeln)

Für das längere Teil mit Farbe B 2 Lm häkeln.

1. Runde: 6 fM in die 2. Lm von der Nadel (= 6 M).

2.–6. Runde: 1 fM in jede M.

Abmaschen und den Faden zum Annähen an den Kopf lang hängen lassen.

Für das kürzere Teil mit Farbe B 2 Lm häkeln.

1. Runde: 6 fM in die 2. Lm von der Nadel (= 6 M).

2. und 3. Runde: 1 fM in jede M.

Abmaschen und den Faden zum Annähen an das längere Teil lang hängen lassen.

Ohr (2 x häkeln)

Mit Farbe A 2 Lm häkeln.

1. Runde: 6 fM in die 2. Lm von der Nadel (= 6 M).

2. Runde: (1 fM, 2 fM in die nächste M) 3 x (= 9 M).

3. Runde: 1 fM in jede M.

4. Runde: (1 fM, 2 fM zus) 3 x (= 6 M).

Abmaschen und den Faden zum Annähen an den Kopf lang hängen lassen.

Nase

Mit Farbe C 2 Lm häkeln

1. Runde: 6 fM in die 2. Lm von der Nadel (= 6 M).

2. Runde: 1 fM in jede M.

Abmaschen und den Faden zum Annähen an den Kopf lang hängen lassen.

Schwanz

Mit Farbe B 2 Lm häkeln.

1. Runde: 6 fM in die 2. Lm von der Nadel (= 6 M).

2. Runde: Zu Farbe A wechseln, (1 fM, 2 fM in die nächste M) 3 x (= 9 M).

3. Runde: 1 fM in jede M.

4. Runde: (1 fM, 2 fM zus) 3 x (= 6 M).

Abmaschen und den Faden zum Annähen an den Körper lang hängen lassen.

Bein (4 x häkeln)

Mit Farbe B 2 Lm häkeln.

1. Runde: 6 fM in die 2. Lm von der Nadel (= 6 M).

2. Runde: (1 fM, 2 fM in die nächste M) 3 x (= 9 M).

Zu Farbe A wechseln.

3.–5. Runde: 1 fM in jede M.

6. Runde: (1 fM, 2 fM zus) 3 x (= 6 M).

7. Runde: 1 fM in jede M.

Abmaschen und den Faden zum Annähen an den Körper lang hängen lassen.

Fertigstellen

Den Kopf fest an den Körper nähen. Die Geweihteile ausstopfen und die langen Teile an den Kopf nähen. Die kurzen Teile jeweils mittig an die langen Teile nähen. Die Ohren und die Nase an den Kopf nähen. Den Schwanz ausstopfen und an den Körper nähen. Die Beine ausstopfen und ebenfalls an den Körper nähen.

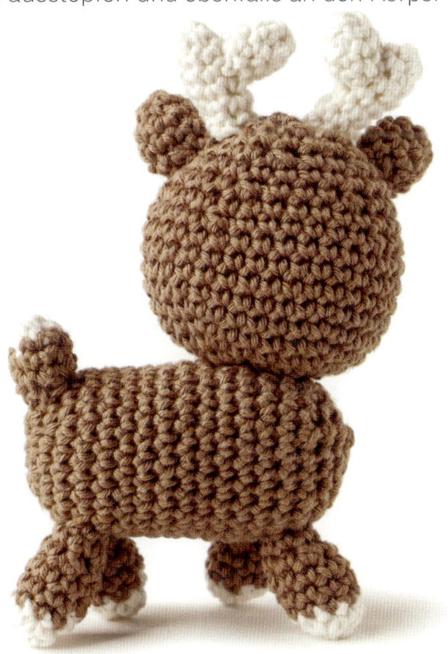

Weihnachtsstrumpf

FÜR DIE KLEINE ÜBERRASCHUNG

Material

- Baumwollgarn (LL 20 g/43 m), je 1 Knäuel in Rot (A) und Weiß (B) sowie einen Rest in Rosa (C)
- 2 Sicherheitsaugen, 9 mm
- Schwarzes Stickgarn
- Füllmaterial

Zubehör

- Häkelnadel 3,5 mm
- Maschenmarkierer

Fertige Größe

- 13 cm hoch

Anleitung

Stiefel

Mit Farbe B 2 Lm häkeln.

1. Runde: 6 fM in die 2. M von der Nadel (= 6 M).

2. Runde: 2 fM in jede M (= 12 M).

3. Runde: (1 fM, 2 fM in die nächste M) 6 x (= 18 M).

4. Runde: (2 fM, 2 fM in die nächste M) 6 x (= 24 M).

5. Runde: 1 fM in jede M.

Zu Farbe A wechseln.

6.–13. Runde: 1 fM in jede M, wenden.

Abmaschen.

Die Ferse wie folgt häkeln:

1. Reihe: Mit Farbe B nach der letzten M der 13. Runde anschlingen, 1 Lm, 10 fM, wenden (= 10 M).

2.–5. Reihe: 1 Lm, 1 fM in jede M, wenden.

Abmaschen. Den Fersenabschnitt mittig rechts auf rechts falten und die Kanten der 5. Reihe zusammennähen, um die Ferse zu bilden. Ferse auf die rechte Seite wenden.

Den Stiefel wie folgt weiterhäkeln:

14. Runde: Mit Farbe A an der letzten M der 13. Runde vor der Ferse anschlingen, 1 Lm, 1 fM in dieselbe M, 10 fM entlang der Fersenkante in die Reihen, 1 fM in jede noch nicht gehäkelte M der 13. Runde (= 24 M).

15.–25. Runde: 1 fM in jede M.

Zu Farbe B wechseln.

26.–29. Runde: 1 fM in jede M.

Abmaschen und den Faden zum Schließen der Öffnung lang hängen lassen.

Fertigstellen

Die Sicherheitsaugen zwischen der 20. und 21. Runde mit 5 M Abstand anbringen. Mit schwarzem Stickgarn den Mund aufsticken. Mit Farbe C die Wangen sticken. Den Stiefel etwas ausstopfen. Die Enden des Stiefels flach aufeinanderlegen und zusammennähen, dabei in die hMg einstechen. Für die Schlaufe Garn in Farbe B in der rechten oberen Ecke anschlingen, 10 Lm häkeln und mit 1 Km am Stiefel verbinden. Abmaschen.

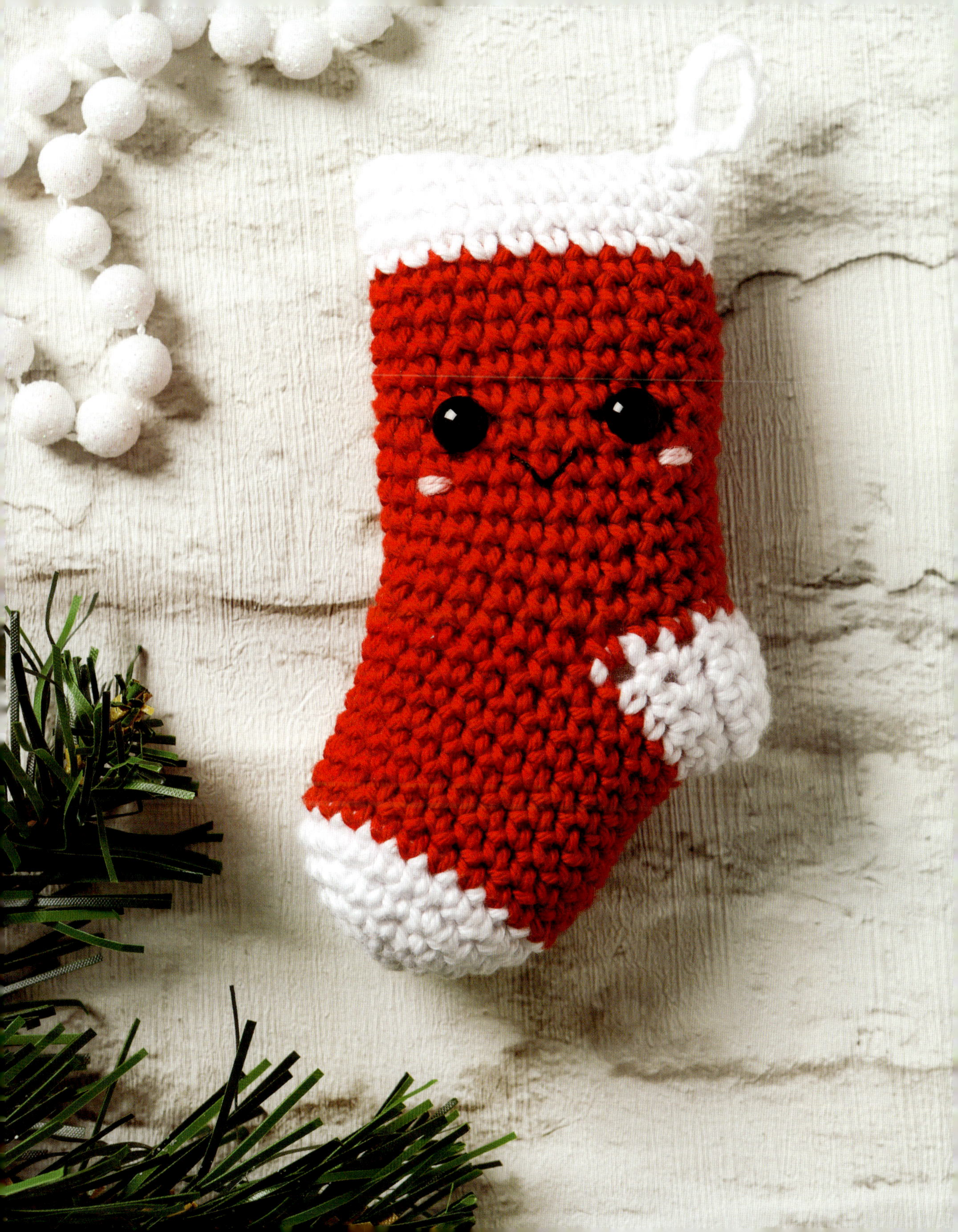

Weihnachtsgeschenke

SCHÖNE BESCHERUNG!

Material

Für ein Geschenk:

* Baumwollgarn (LL 25 g/57,5 m), je 1 Knäuel in Pink oder Türkis (A) und in Gelb oder Pink (B)
* 2 Sicherheitsaugen, 9 mm
* Schwarzes Stickgarn
* Füllmaterial

Zubehör

* Häkelnadel 3,5 mm
* Maschenmarkierer

Fertige Größe

* 9 cm hoch

Anleitung

Boden und Seiten

Mit Farbe A 2 Lm häkeln.

1. Runde: (1 fM, 1 Stb) 4 x in die 2. Lm von der Nadel, mit 1 Km mit der 1. M verbinden (= 8 M).

2. Runde: 1 Lm, (1 fM, [1 fM, 1 Stb, 1 fM] in die nächste M) 4 x, mit 1 Km mit der 1. M verbinden (= 16 M).

3. Runde: 1 Lm, (2 fM, [1 fM, 1 Stb, 1 fM] in die nächste M, 1 fM) 4 x, mit 1 Km mit der 1. M verbinden (= 24 M).

4. Runde: 1 Lm, (3 fM, [1 fM, 1 Stb, 1 fM] in die nächste M, 2 fM) 4 x, mit 1 Km mit der 1. M verbinden (= 32 M).

5. Runde: 1 Lm, (4 fM, [1 fM, 1 Stb, 1 fM] in die nächste M, 3 fM) 4 x, mit 1 Km mit der 1. M verbinden (= 40 M).

Nun in Spiralrunden bis zum Ende weiterhäkeln.

6. Runde (hMg): 1 fM in jede M.

7.–15. Rd: 1 fM in jede M.

Abmaschen.

Deckel

Mit Farbe A 2 Lm häkeln.

Genauso wie bis einschließlich zur 5. Runde des Bodens häkeln. Abmaschen und den Faden zum Annähen an die Seiten lang lassen.

Geschenkband (2 x häkeln)

Mit Farbe B 40 Lm häkeln, mit 1 Km mit der 1. M verbinden.

1. Runde: 2 Lm (zählen als 1. hStb), 1 hStb in jede M, mit 1 Km mit der 1. M verbinden.

Abmaschen und den Faden zum Annähen an das Geschenk lang stehen lassen.

Schleife

Mit Farbe B 25 Lm häkeln, mit 1 Km mit der 1. M verbinden.

1. und 2. Runde: 2 Lm (zählen als 1. hStb), 1 hStb in jede M, mit 1 Km mit der 1. M verbinden.

Abmaschen und den Faden zum Annähen an das Geschenk lang stehen lassen.

Fertigstellen

Die Sicherheitsaugen auf einer Seite zwischen der 12. und 13. Runde mit einem Abstand von 6 M anbringen. Die Seiten aufrichten, Eck-Kanten in Form drücken und den Körper ausstopfen. Den Deckel an die Seiten nähen, dabei am Deckel durch beide Maschenglieder und am oberen Seitenrand durch die hMg nähen (siehe Seite 29). Das Geschenkband anfügen und mit ein paar Stichen fixieren. Mit schwarzem Stickgarn den Mund auf der Vorderseite an der Kreuzungsstelle auf das obenliegende Geschenkband sticken. Etwas Garn in Farbe B zehnmal um die Mitte der Schleife wickeln und festknoten. Die Schleife in der oberen Mitte auf das Geschenkband nähen.

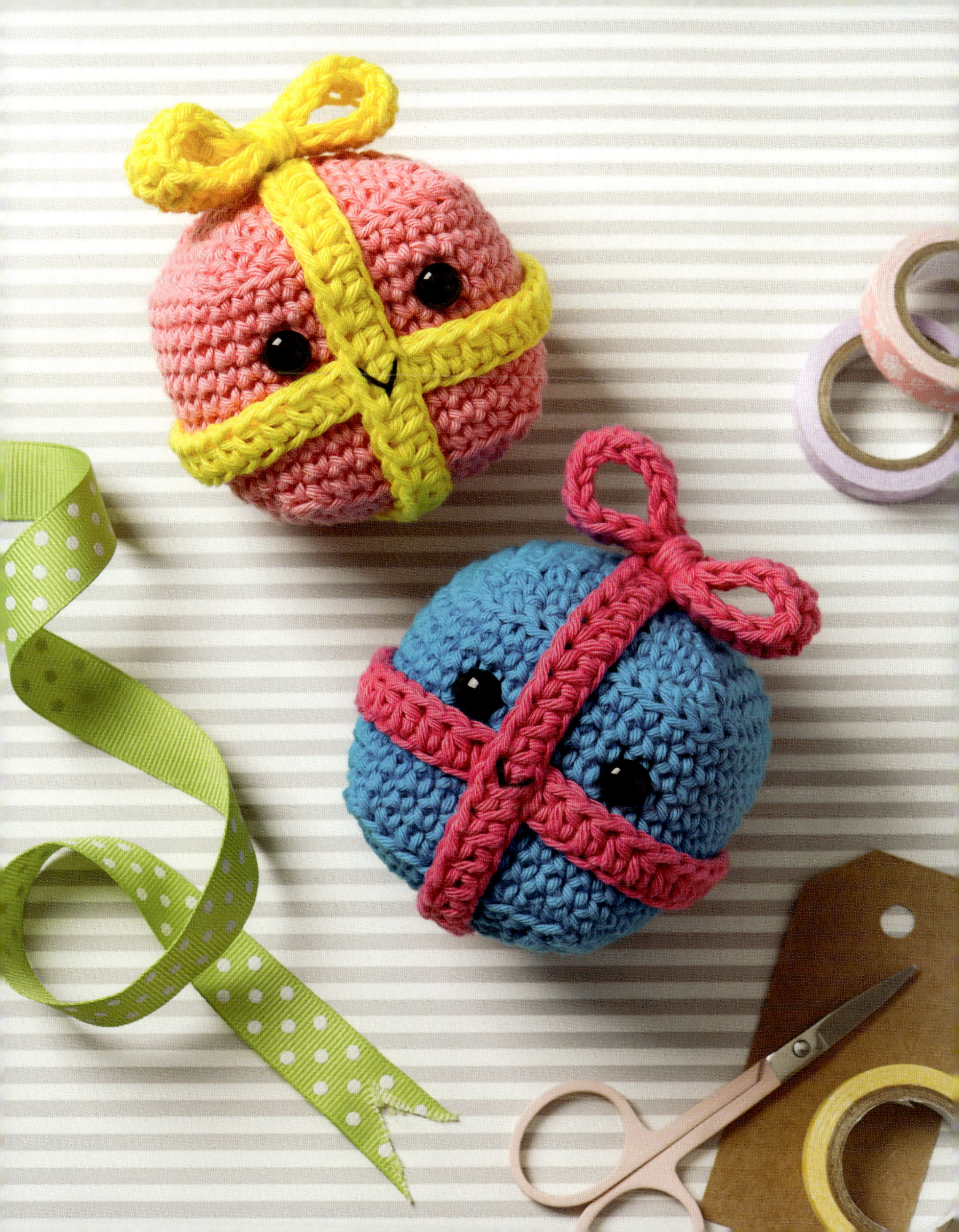

Knallbonbon

SÜSSE ÜBERRASCHUNG!

Material

- Baumwollgarn (LL 20 g/43 m), 1 Knäuel in Gold (A) sowie Reste in Violett (B) und Rosa (C)
- 2 Sicherheitsaugen, 9 mm
- Schwarzes Stickgarn
- Füllmaterial

Zubehör

- Häkelnadel 3,5 mm
- Maschenmarkierer

Fertige Größe

- 15 cm hoch

Anleitung

Knallbonbon

Mit Farbe A 2 Lm häkeln.

1. Runde: 6 fM in die 2. M von der Nadel (= 6 M).

2. Runde (hMg): 2 fM in jede M (= 12 M).

3. Runde: (1 fM, 2 fM in die nächste M) 6 x (= 18 M).

4. Runde: (2 fM, 2 fM in die nächste M) 6 x (= 24 M).

5. Runde (hMg): 1 fM in jede M.

6.–20. Runde: 1 fM in jede M.

Die Sicherheitsaugen zwischen der 9. und 10. sowie der 15. und 16. Runde anbringen. Mit schwarzem Stickgarn den Mund aufsticken. Mit Garn in Farbe C die Wangen aufsticken. Das Knallbonbon ausstopfen.

21. Runde (hMg): (2 fM, 2 fM zus) 6 x (= 18 M).

22. Runde: (1 fM, 2 fM zus) 6 x (= 12 M).

23. Runde: (2 fM zus) 6 x (= 6 M).

Weiteres Füllmaterial nachstopfen. Abmaschen und die Öffnung durch die hMg schließen.

Das erste Verschluss-Ende:

Farbe A an der 1. Lm der 1. Runde anschlingen.

1. Runde (vMg): 1 Lm, 6 fM (= 6 fM).

2. Runde: fM in jede M (= 12 M).

3. Runde: (1 fM, 2 fM in die nächste M) 6 x (= 18 M).

4. Runde: (2 fM, 2 fM in die nächste M) 6 x (= 24 M).

5. und 6. Runde: 1 fM in jede M.

7. Runde: Zu Farbe B wechseln, Farbe A nicht abschneiden, 1 fM in jede M.

8. Runde: Zu Farbe A wechseln, 1 fM in jede M.

Abmaschen und Fadenenden vernähen.

Für das zweite Verschluss-Ende:

Farbe A an einer beliebigen M der 23. Runde anschlingen. 1.–8. Runde des ersten Verschluss-Endes wdh. Abmaschen und Fadenenden vernähen.

Schleife

Mit Farbe B 4 Lm häkeln.

1. Runde: 2 fM in die 2. M von der Nadel, 1 fM, 3 fM in die letzte Lm, an der unteren Kante der Lm weiterarbeiten, 2 fM (= 8 M).

2. Runde: Je 2 fM in die beiden nächsten M, 1 fM, je 2 fM in die nächsten 3 M, 1 fM, 2 fM in die nächste M, mit 1 Km mit der 1. M verbinden (= 14 M).

Abmaschen und Fadenenden vernähen.

Fertigstellen

Etwas Garn in Farbe B viermal um die Mitte der Schleife wickeln, fest verknoten und die Schleife über dem linken Auge auf das Knallbonbon nähen.

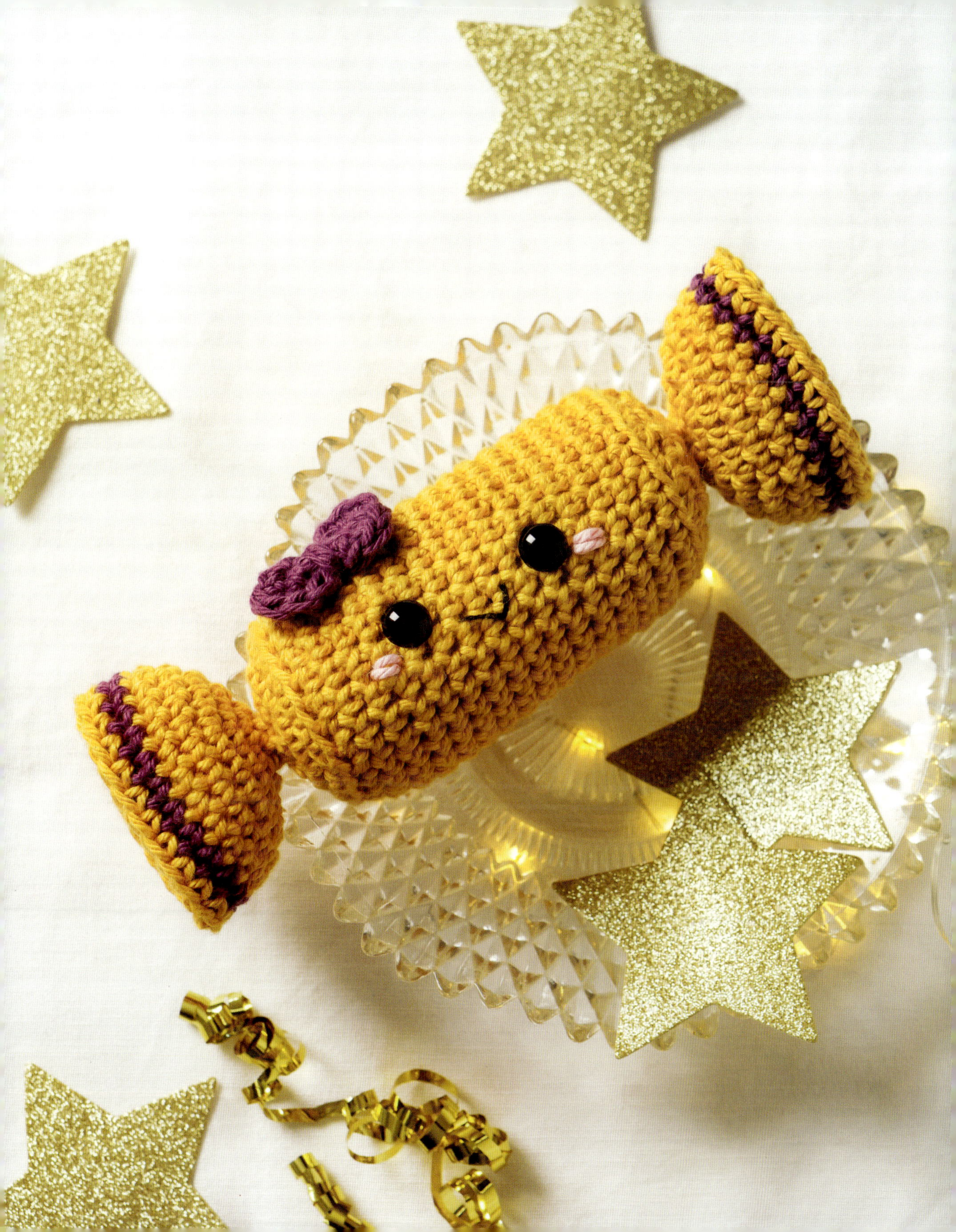

Weihnachtsbaum

OH TANNENBAUM!

Material

- ❋ Baumwollgarn (LL 20 g/43 m), 1 Knäuel in Grün (A) sowie Reste in Braun (B), Rot (C), Gelb (D) und Weiß (E)
- ❋ 2 Sicherheitsaugen, 9 mm
- ❋ Schwarzes Stickgarn
- ❋ Füllmaterial

Zubehör

- ❋ Häkelnadel 3,5 mm
- ❋ Maschenmarkierer

Fertige Größe

- ❋ 17 cm hoch

Anleitung

Tanne

Mit Farbe A 2 Lm häkeln.

1. Runde: 6 fM in die 2. M von der Nadel (= 6 M).
2. Runde: (1 fM, 2 fM in die nächste M) 3x (= 9 M).
3. Runde: 1 fM in jede M.
4. Runde: (2 fM, 2 fM in die nächste M) 3x (= 12 M).
5. Runde: 1 fM in jede M.
6. Runde: (3 fM, 2 fM in die nächste M) 3x (= 15 M).
7. Runde: 1 fM in jede M.
8. Runde: (4 fM, 2 fM in die nächste M) 3x (= 18 M).
9. Runde: 1 fM in jede M.
10. Runde: (5 fM, 2 fM in die nächste M) 3x (= 21 M).
11. Runde: 1 M in jede M.
12. Runde: (6 fM, 2 fM in die nächste M) 3x (= 24 M).
13. Runde: 1 fM in jede M.
14. Runde: (7 fM, 2 fM in die nächste M) 3x (= 27 M).
15. Runde: 1 fM in jede M.
16. Runde: (8 fM, 2 fM in die nächste M) 3x (= 30 M).
17. Runde: 1 fM in jede M.
18. Runde: (9 fM, 2 fM in die nächste M) 3x (= 33 M).
19. Runde: 1 fM in jede M.
20. Runde: (10 fM, 2 fM in die nächste M) 3x (= 36 M).
21. Runde: 1 fM in jede M.
22. Runde: (11 fM, 2 fM in die nächste M) 3x (= 39 M).
23. Runde: 1 fM in jede M.
24. Runde: (12 fM, 2 fM in die nächste M) 3x (= 42 M).
25. Runde (hMg): (5 fM, 2 fM zus) 6 x (= 36 M).
26. Runde: (4 fM, 2 fM zus) 6 x (= 30 M).
27. Runde: (3 fM, 2 fM zus) 6 x (= 24 M).
26. Runde: (2 fM, 2 fM zus) 6 x (= 18 M).
Abmaschen.

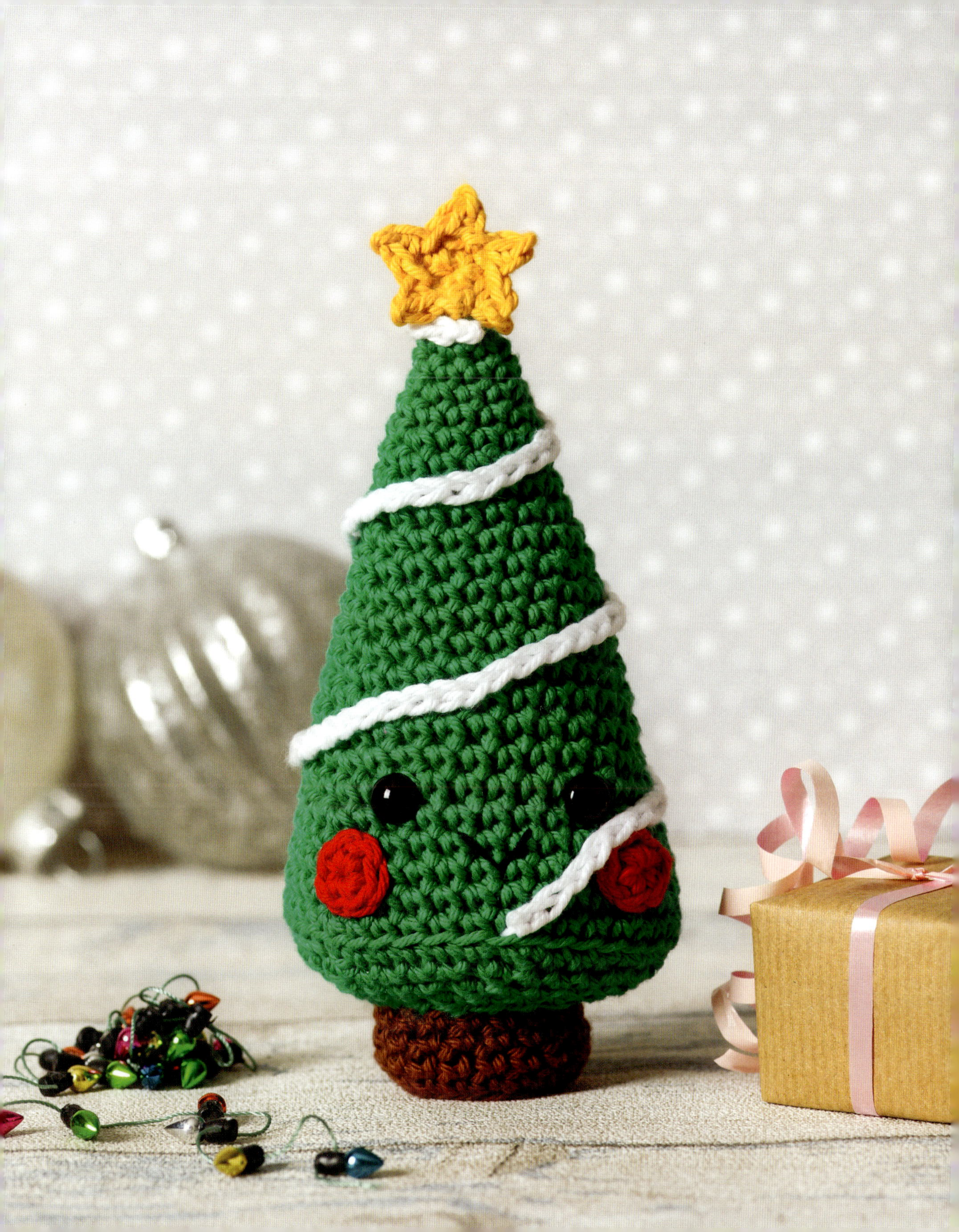

Stamm

Mit Farbe B 2 Lm häkeln.

1. Runde: 6 fM in die 2. M von der Nadel (= 6 M).

2. Runde: 2 fM in jede M (= 12 M).

3. Runde: (1 fM, 2 fM in die nächste M) 6 x (= 18 M).

4. Runde (hMg): 1 fM in jede M.

5.–7. Runde: 1 fM in jede M.

Abmaschen und den Faden zum Annähen an der Tanne lang hängen lassen.

Wange (2 x häkeln)

Mit Farbe C 2 Lm häkeln.

1. Runde: 6 fM in die 2. M von der Nadel, mit 1 Km mit der 1. fM verbinden (= 6 M).

Abmaschen und den Faden zum Aufnähen auf die Tanne lang hängen lassen.

Stern

Mit Farbe D 2 Lm häkeln.

1. Runde: 5 fM in die 2. M von der Nadel, mit 1 Km mit der 1. fM verbinden (= 5 M).

2. Runde: *2 Lm, 1 fM in die 2. M von der Nadel, Km in die nächste M der 1. Runde, ab * 4 x wdh, bis fünf Spitzen gehäkelt sind.

Abmaschen und den Faden zum Annähen an die Tanne lang hängen lassen.

Lametta

Mit Farbe E 80 Lm häkeln, dabei den Endfaden lang lassen.

Abmaschen und den Faden zum Annähen an die Tanne lang hängen lassen.

Fertigstellen

Die Sicherheitsaugen zwischen der 19. und 20. Runde im Abstand von 6 M an der Tanne anbringen. Die Tanne ausstopfen. Mit schwarzem Stickgarn den Mund aufsticken. Die Wangen seitlich unterhalb der Augen aufnähen. Den Stamm ausstopfen und an die Tanne nähen. Den Stern an die Spitze nähen. Das Lametta um die Tanne wickeln und mit gleichmäßig verteilten Vorstichen fixieren.

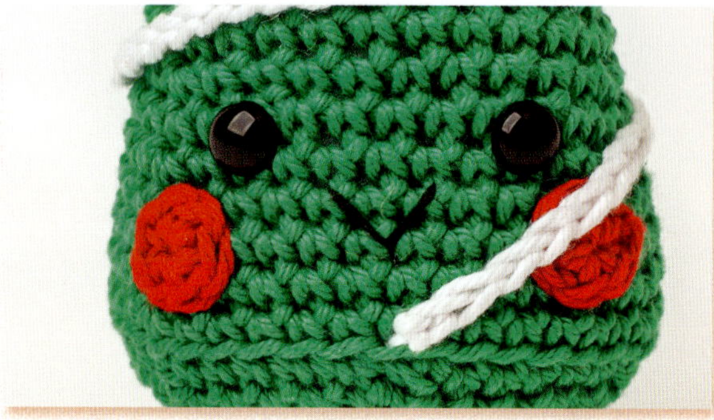

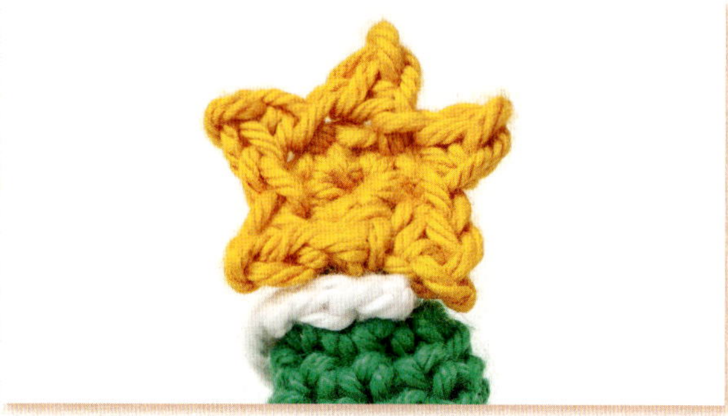

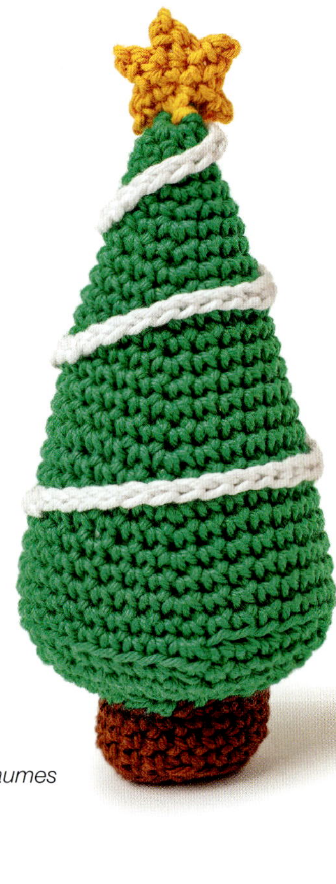

Rückansicht des Weihnachtsbaumes

Rotkehlchen

WINTERLICHES GEZWITSCHER!

Material

- ❋ Baumwollgarn (LL 20 g/43 m), 1 Knäuel in Braun (A) sowie Reste in Rot (B) und Weiß (C)
- ❋ 2 Sicherheitsaugen, 9 mm
- ❋ Füllmaterial
- ❋ 2 rote Metallglöckchen, 10 mm

Zubehör

- ❋ Häkelnadel 3,5 mm
- ❋ Maschenmarkierer

Fertige Größe

- ❋ 8 cm hoch, ohne Beine

Anleitung

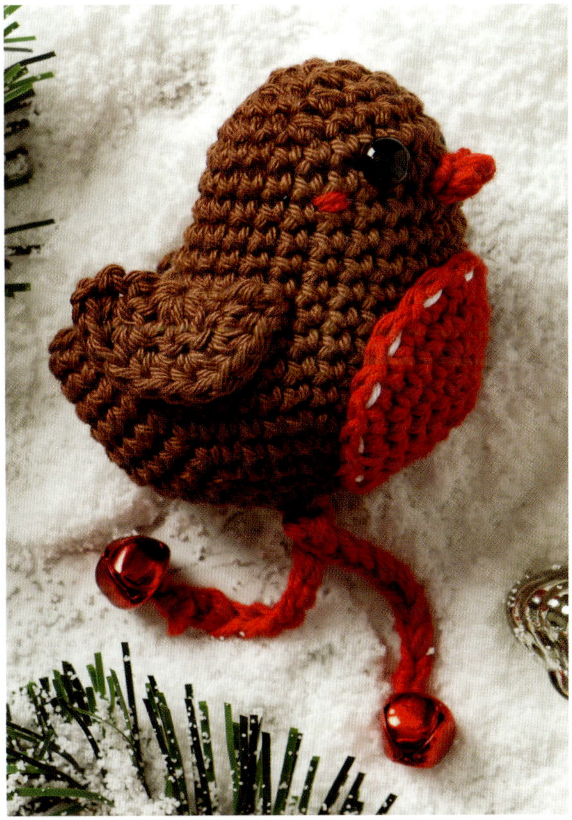

Kopf und Körper

Mit Farbe A 2 Lm häkeln.

1. Runde: 6 fM in die 2. M von der Nadel (= 6 M).

2. Runde: 2 fM in jede M (= 12 M).

3. Runde: (1 fM, 2 fM in die nächste M) 6 x (= 18 M).

4. Runde: (2 fM, 2 fM in die nächste M) 6 x (= 24 M).

5. Runde: (3 fM, 2 fM in die nächste M) 6 x (= 30 M).

6. Runde: (4 fM, 2 fM in die nächste M) 6 x (= 36 M).

7.–12. Runde: 1 fM in jede M.

13. Runde: 12 M übergehen, 24 fM häkeln, die nächsten 12 M übergehen um den Schwanz zu formen.

14.–16. Runde: 1 fM in jede M (= 24 M).

17. Runde: (2 fM, 2 fM zus) 6 x (= 18 M).

18. Runde: (1 fM, 2 fM zus) 6 x (= 12 M).

19. Runde: (2 fM zus) 6 x (= 6 M).

Abmaschen und die Öffnung oben am Kopf schließen (siehe Seite 14 und 15).

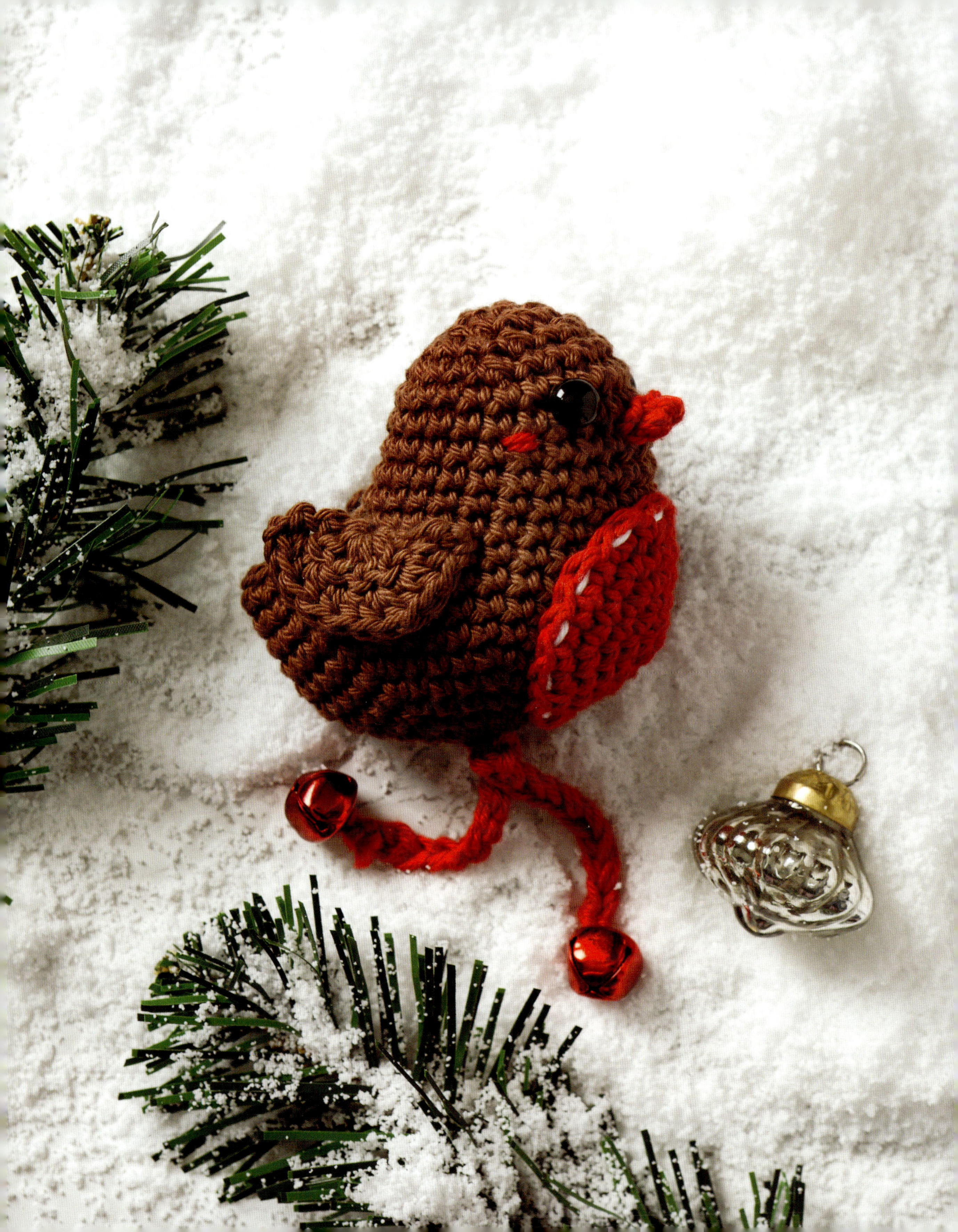

Schnabel

Mit Farbe B 2 Lm häkeln.

1. Runde: 4 fM in die 2. M von der Nadel, mit 1 Km mit der 1. fM verbinden (= 4 M).

Abmaschen und den Faden zum Annähen an den Kopf lang hängen lassen.

Brust

Mit Farbe B 2 Lm häkeln.

1. Runde: 6 fM in die 2. M von der Nadel (= 6 M).

2. Runde: 2 fM in jede M (= 12 M).

3. Runde: (1 fM, 2 fM in die nächste M) 6 x (= 18 M).

4. Runde: (2 fM, 2 fM in die nächste M) 6 x (= 24 M).

5. Runde: 1 fM in jede M.

Abmaschen und den Faden zum Annähen an den Körper lang hängen lassen.

Flügel (2 x häkeln)

Mit Farbe A 4 Lm häkeln.

1. Reihe: 5 Stb in die 4. M von der Nadel (die ersten 3 M zählen als 1 Stb), wenden (= 6 M).

2. Reihe: 2 Lm (zählen als 1 Stb), 1 Stb in die 1. M, jeweils 2 Stb in die nächsten M (= 12 M).

Abmaschen und den Faden zum Annähen an den Körper lang hängen lassen.

Beine

Ein Stück Garn in Farbe B doppelt nehmen, ein langes Stück der Anfangsfäden zum Anbringen des Glöckchens stehen lassen, dann 19 Lm häkeln.

Abmaschen und die Endfäden ebenfalls zum Anbringen des Glöckchens lang hängen lassen.

Fertigstellen

Die Sicherheitsaugen zwischen der 15. und 16. Runde mit 6 M Abstand anbringen. Mit Farbe B die Wangen aufsticken. Das Rotkehlchen ausstopfen. Das Schwanzende flach falten und die Öffnung durch hMg schließen. Den Schnabel in Form bringen und annähen. Die Brust aufnähen und mit Garn in Farbe C Vorstiche aufsticken. Die Flügel an den Körper nähen, dabei nur vorne am Rand der Flügel nähen. Die Glöckchen an die Beinenden knoten. Die Beine zur Hälfte legen und mittig unten an den Körper nähen, dabei durch die Lm-Kette stechen.

Sicherheitshinweis: Die Glöckchen weglassen und die Augen aufsticken, wenn das Rotkehlchen für ein Kind unter 3 Jahren bestimmt ist.

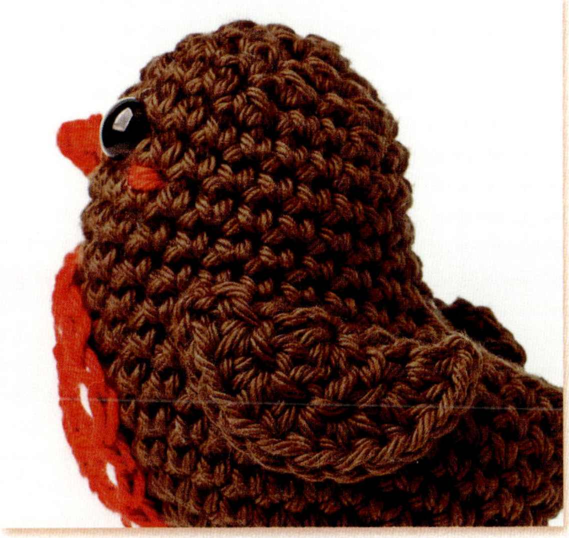

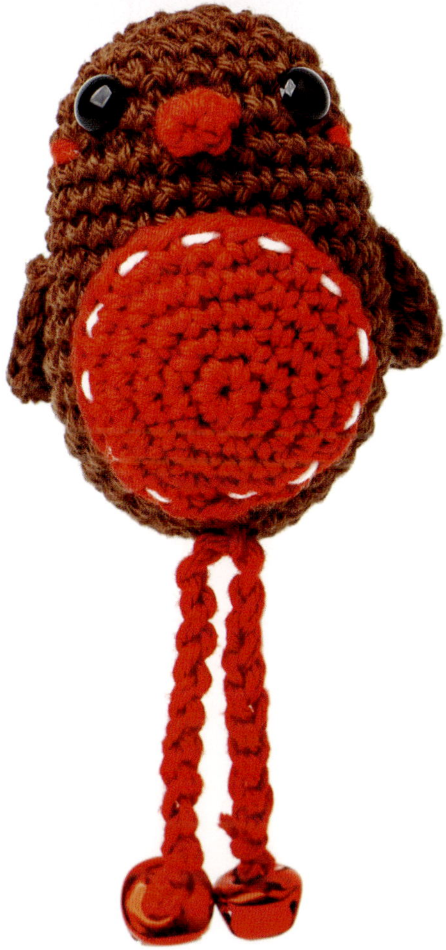

Ilex mit roten Beeren

BUNTE FARBTUPFER

Material
Für drei Zweige:
- Baumwollgarn (LL 20 g/43 m), je 1 Knäuel in Rot (A) und Grün (B)
- 12 Sicherheitsaugen, 6 mm
- Schwarzes Stickgarn
- Füllmaterial

Zubehör
- Häkelnadel 3,5 mm
- Maschenmarkierer

Fertige Größe
- 15 cm lang

Anleitung

Beere (2 x häkeln)

Mit Farbe A 2 Lm häkeln.

1. Runde: 6 fM in die 2. M von der Nadel (= 6 M).

2. Runde: 2 fM in jede M (= 12 M).

3. Runde: (1 fM, 2 fM in die nächste M) 6 x (= 18 M).

4.–6. Runde: 1 fM in jede M.

7. Runde: (1 fM, 2 fM zus) 6 x (= 12 M).

Zwei Sicherheitsaugen zwischen der 2. und 3. Runde mit 6 M Abstand anbringen. Den Mund mit schwarzem Stickgarn aufsticken. Die Beere ausstopfen.

8. Runde: (2 fM zus) 6 x (= 6 M).

Abmaschen und die Öffnung schließen.

Blatt (2 x häkeln)

Mit Farbe B 14 Lm häkeln.

1. Runde: 1 Km in die 2. M von der Nadel, 2 Km, 1 fM, 2 hStb, *(1 hStb, 1 Stb, 2 Lm, Km in die 2. Lm von der Nadel, 1 Stb, 1 hStb) in die nächste M, 2 hStb, ab * 1 x wdh, 1 fM, 2 Lm, 1 Km in die 2. M von der Nadel, an der unteren Kante der Lm weiterarbeiten, 1 fM, 2 hStb, *(1 hStb, 1 Stb, 2 Lm, 1 Km in die 2. M von der Nadel, 1 Stb, 1 hStb) in die nächste M, 2 hStb, ab * 1 x wdh, 1 fM, 3 Km.

Abmaschen und den Faden zum Annähen an die Beeren lang hängen lassen.

Fertigstellen

Die beiden Beeren mit ein paar Stichen an einer Seite zusammennähen. Die Blätter unten an die Beeren nähen, dabei zeigen die Blattstiele zueinander.

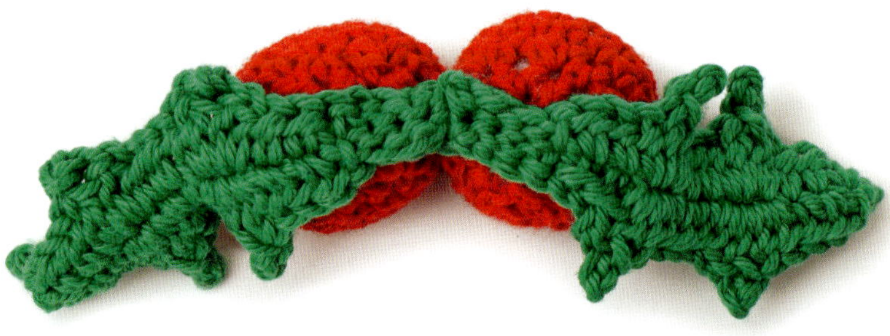

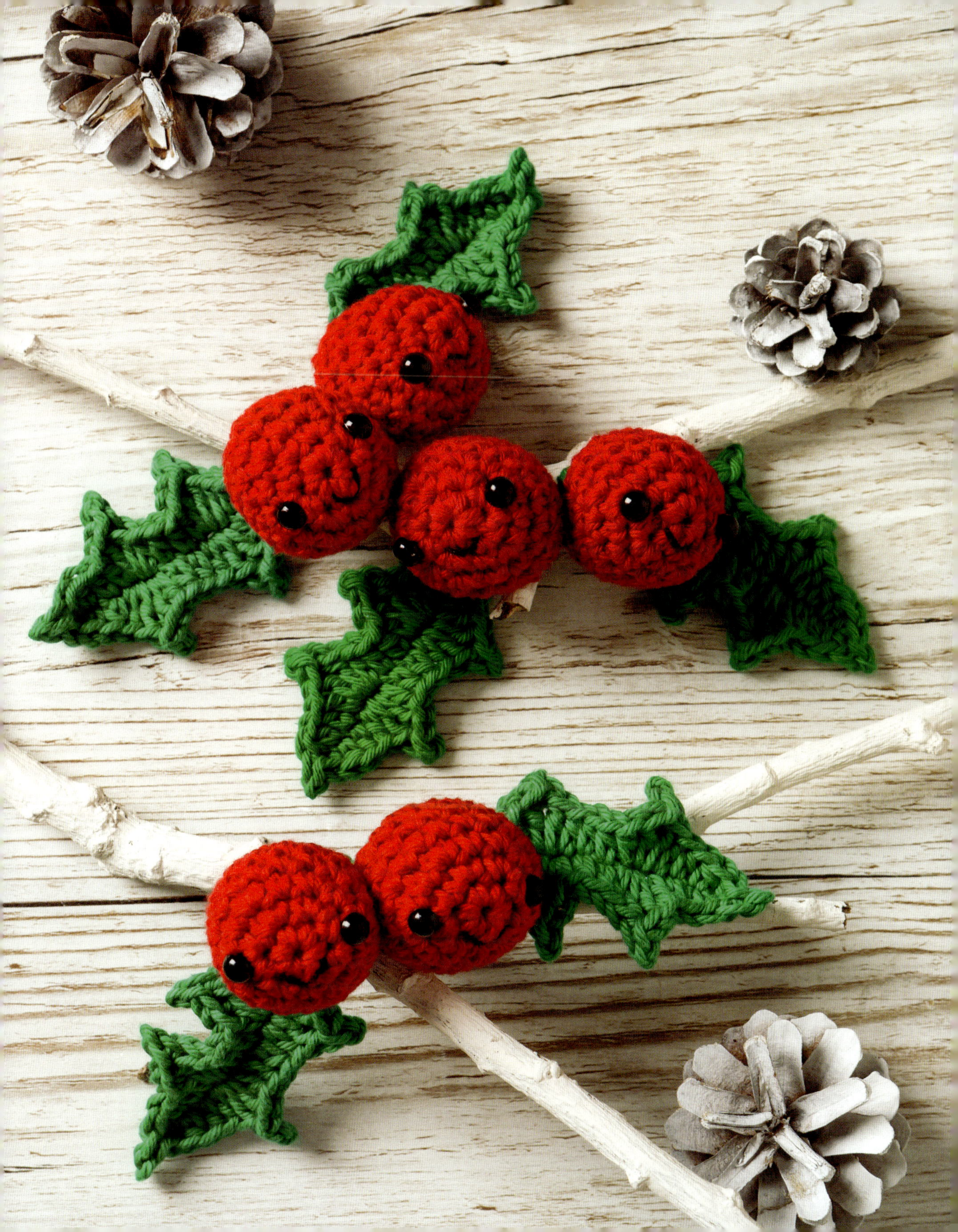

Weihnachtsstern

FUNKELNDES LICHT IN DUNKLER NACHT

Material

Für beide Sterne:

- Baumwollgarn (LL 25 g/57,5 m), je 1 Knäuel in Gelb (A) und Weiß (B) sowie ein Rest in Rosa (C)
- 4 Sicherheitsaugen, 9 mm
- Schwarzes Stickgarn
- Füllmaterial

Zubehör

- Häkelnadel 3,5 mm
- Maschenmarkierer

Fertige Größe

- 9 cm breit

Anleitung

Vorder- und Rückseite (2 x häkeln)

Für die spiralförmige Mitte wird eine Hälfte jeder Runde in Weiß und eine in Gelb gearbeitet. Auf den gelben M der Vorrunde wird in Weiß und auf den weißen M der Vorrunde in Gelb gehäkelt. Beim Farbwechsel die Häkelnadel aus der M nehmen, den Faden hängen lassen und die Schlinge mit einem Maschenmarkierer sichern.

Mit Farbe A 2 Lm häkeln.

1. Runde: Mit Farbe A 3 fM in die 2. M von der Nadel, Farbe A hängen lassen und Farbe B in derselbe Lm anschlingen, 1 Lm, 3 fM in dieselbe Lm (= 6 fM).

2. Runde: Mit Farbe B jeweils 2 fM in die nächsten 3 M, zu Farbe A wechseln, jeweils 2 fM in die nächsten 3 M (= 12 M).

3. Runde: Mit Farbe A (1 fM, 2 fM in die nächste M) 3 x, zu Farbe B wechseln (1 fM, 2 fM in die nächste M) 3x (= 18 M).

4. Runde: Mit Farbe B (2 fM, 2 fM in die nächste M) 3 x, zu Farbe A wechseln (2 fM, 2 fM in die nächste M) 3 x (= 24 M).

5. Runde: Mit Farbe A (3 fM, 2 fM in die nächste M) 3 x, zu Farbe B wechseln (3 fM, 2 fM in die nächste M) 3 x (= 30 M).

Abmaschen.

Spitzen (5 x häkeln)

Die Vorder- und Rückseite links auf links aufeinanderlegen. Mit Farbe A oder B an einer M auf der Rückseite anschlingen.

1. Runde: 1 Lm, 6 fM auf der Rückseite, wenden, sodass die Vorderseite oben liegt, und 6 fM auf der Vorderseite (= 12 M).

Auf diesen 12 M weiterhäkeln, sodass eine Spitze entsteht.

2. Runde: 4 fM, 2 fM zus, 4 fM, 2 fM zus (= 10 M).

3. Runde: 2 fM zus, 3 fM, 2 fM zus, 3 fM (= 8 M).

4. Runde: 2 fM, 2 fM zus, 2 fM, 2 fM zus (= 6 M).

5. Runde: 2 fM zus, 1 fM, 2 fM zus, 1 fM (= 4 M).

Abmaschen, den Faden zum Schließen der Öffnung lang hängen lassen.

Für die nächste Spitze den Faden an der nächste M auf der Rückseite anschlingen und die 1.–5. Runde wdh. Wenn vier Spitzen fertig sind, die Arbeit wie unten beschrieben fertigstellen.

Fertigstellen

Die Sicherheitsaugen zwischen der 3. und 4. Runde im Abstand von 7 M anbringen. Den Mund und die Wimpern mit schwarzem Stickgarn sticken. Mit Garn in Farbe C die Wangen aufsticken. Den Stern ausstopfen. Die fünfte Spitze hinzufügen und den Stern fertig ausstopfen. Die Öffnungen am oberen Spitzenrand sowie zwischen den Spitzen schließen.

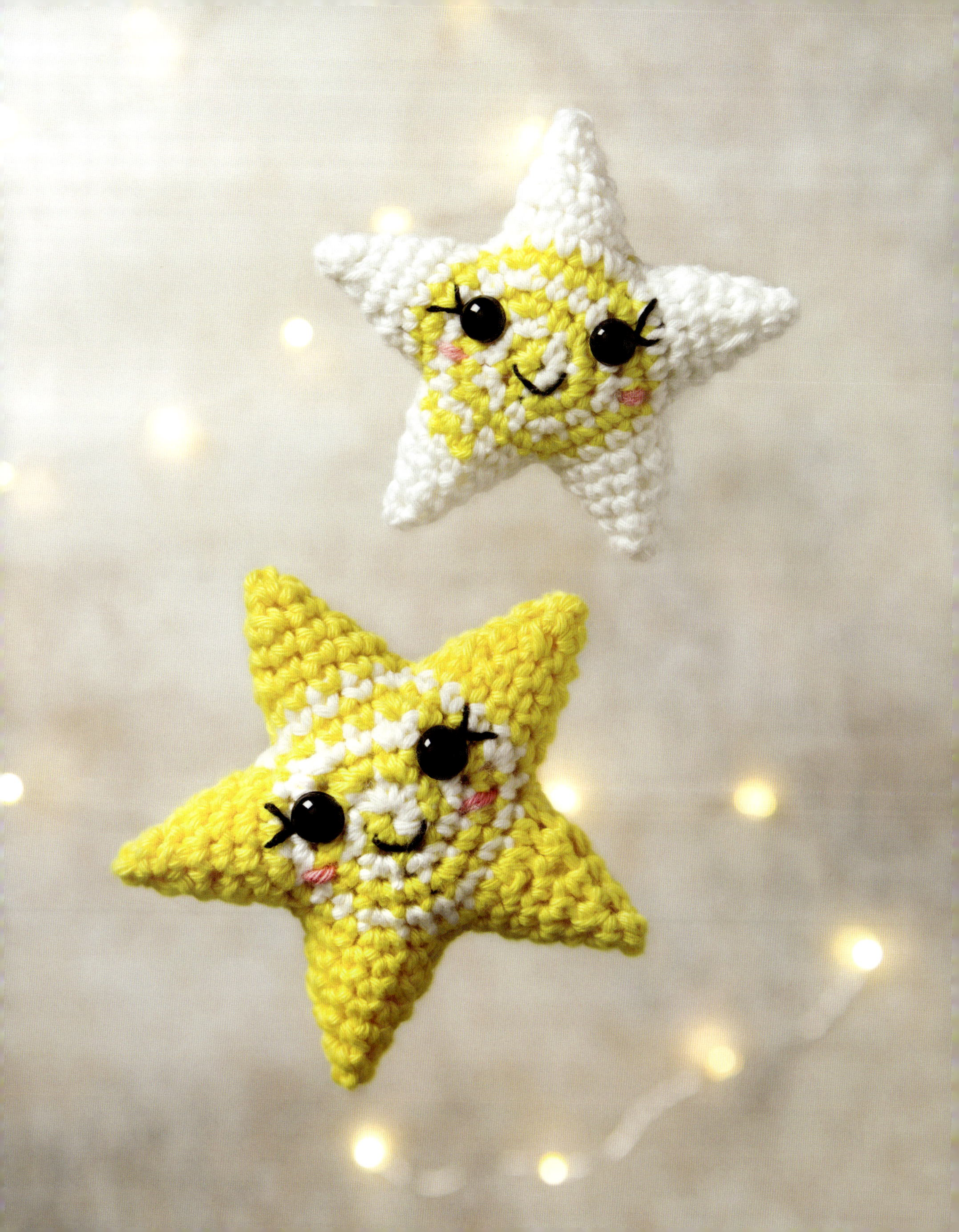

Engel

WAS FÜR EIN ENGELSGLANZ!

Material

- Baumwollgarn (LL 20 g/43 m), je 1 Knäuel in Weiß (A), Gelb (B) und Hautfarben (C) sowie ein Rest in Rosa (D)
- Rest Lurexgarn in Gold (E)
- 2 Sicherheitsaugen, 10 mm
- Rotes und schwarzes Stickgarn
- Füllmaterial

Zubehör

- Häkelnadel 3,5 mm
- Maschenmarkierer

Fertige Größe

- 16 cm hoch

Anleitung

Kopf

Mit Farbe C 2 Lm häkeln.

1. Runde: 6 fM in die 2. Lm von der Nadel (= 6 M).
2. Runde: 2 fM in jede M (= 12 M).
3. Runde: (1 fM, 2 fM in die nächste M) 6 x (= 18 M).
4. Runde: (2 fM, 2 fM in die nächste M) 6 x (= 24 M).
5. Runde: (3 fM, 2 fM in die nächste M) 6 x (= 30 M).
6. Runde: (4 fM, 2 fM in die nächste M) 6 x (= 36 M).
7.–12. Runde: 1 fM in jede M.
13. Runde: (4 fM, 2 fM zus) 6 x (= 30 M).
14. Runde: (3 fM, 2 fM zus) 6 x (= 24 M).
15. Runde: (2 fM, 2 fM zus) 6 x (= 18 M).
16. Runde: (1 fM, 2 fM zus) 6 x (= 12 M).
Abmaschen.

Wange (2 x häkeln)

Mit Farbe D 2 Lm häkeln.

1. Runde: 6 fM in die 2. Lm von der Nadel, mit 1 Km mit der 1. fM verbinden (= 6 M).
Abmaschen und den Faden zum Annähen an den Kopf lang hängen lassen.

Körper

Mit Farbe A 2 Lm häkeln.

1. Runde: 6 fM in die 2. Lm von der Nadel (= 6 M).
2. Runde: 2 fM in jede M (= 12 M).
3. Runde: (1 fM, 2 fM in die nächste M) 6 x (= 18 M).
4. Runde: (2 fM, 2 fM in die nächste M) 6 x (= 24 M).
5. Runde: (3 fM, 2 fM in die nächste M) 6 x (= 30 M).
6. Runde: (4 fM, 2 fM in die nächste M) 6 x (= 36 M).
7. Runde (hMg): 1 fM in jede M.
8. Runde: (10 fM, 2 fM zus) 3 x (= 33 M).
9. Runde: 1 fM in jede M.
10. Runde: (9 fM, 2 fM zus) 3 x (= 30 M).
11. Runde: 1 fM in jede M.

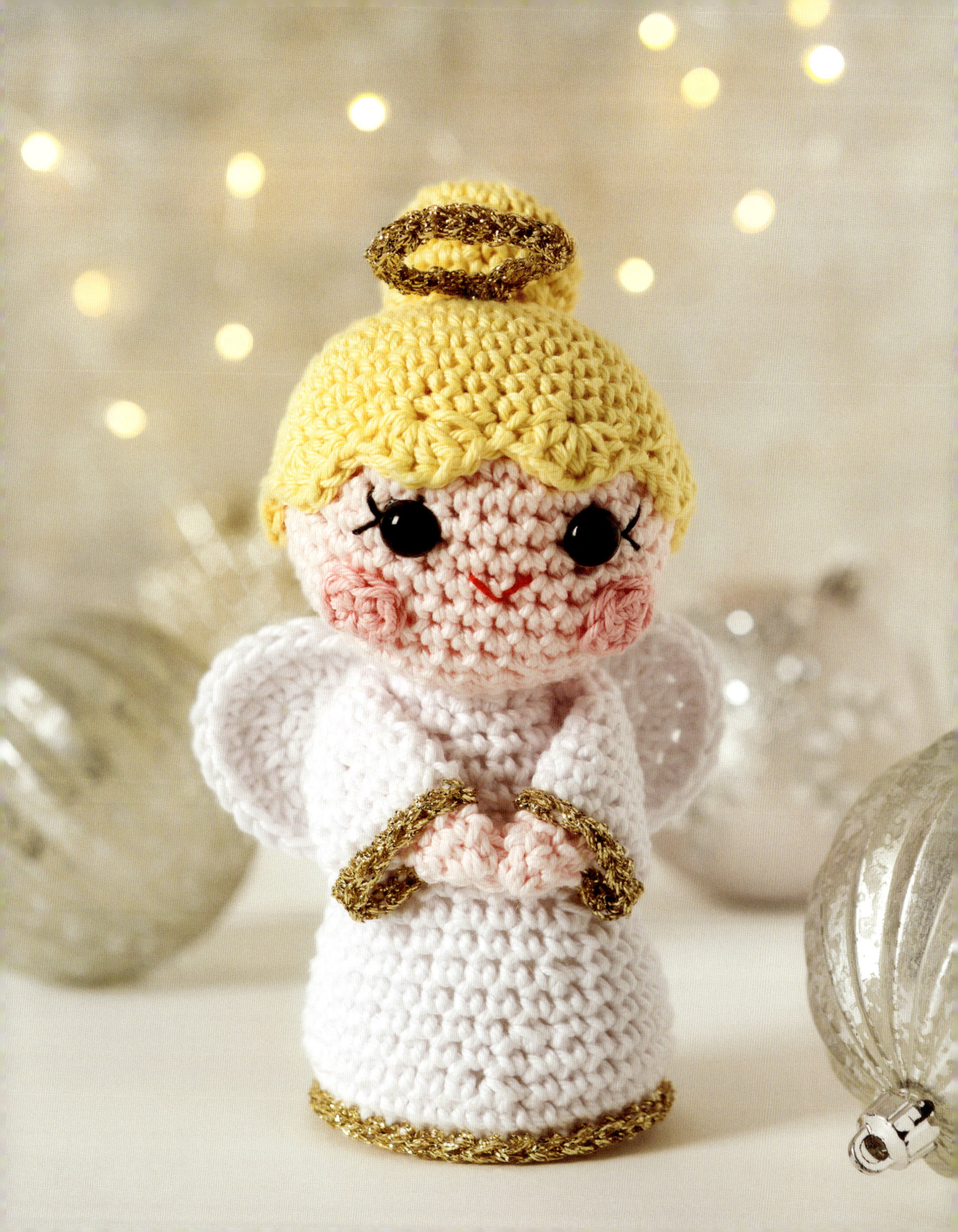

12. Runde: (8 fM, 2 fM zus) 3 x (= 27 M).
13. Runde: 1 fM in jede M.
14. Runde: (7 fM, 2 fM zus) 3 x (= 24 M).
15. Runde: 1 fM in jede M.
16. Runde: (6 fM, 2 fM zus) 3 x (= 21 M).
17. Runde: 1 fM in jede M.
18. Runde: (5 fM, 2 fM zus) 3 x (= 18 M).
19. Runde: 1 fM in jede M.
20. Runde: (4 fM, 2 fM zus) 3 x (= 15 M).
21. Runde: 1 fM in jede M.
22. Runde: (3 fM, 2 fM zus) 3 x (= 12 M).

Abmaschen und den Faden zum Annähen an den Kopf lang hängen lassen.

Mit Farbe E an der 1. M der 6. Runde anschlingen und in vMg der 6. Runde arbeiten, 1 Lm, 1 fM in dieselbe M, 35 fM, mit 1 Km mit der 1. M verbinden.

Abmaschen und die Fadenenden vernähen.

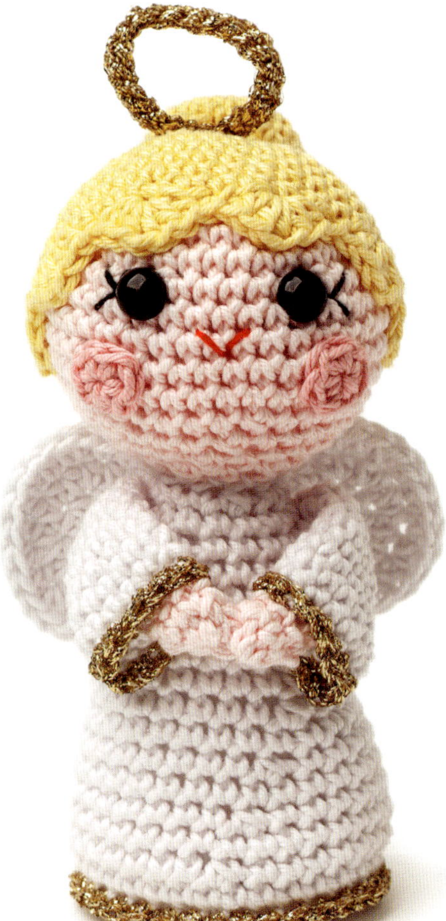

Ärmel (2 x häkeln)

Mit Farbe A 2 Lm häkeln.
1. Runde: 6 fM in die 2. Lm von der Nadel (= 6 M).
2. und 3. Runde: 1 fM in jede M.
4. Runde: (1 fM, 2 fM in die nächste M) 3 x (=9 M).
5. und 6. Runde: 1 fM in jede M.
7. Runde: (2 fM, 2 fM in die nächste M) 3 x (=12 M).
8. und 9. Runde: 1 fM in jede M.

Abmaschen und den Faden lang hängen lassen.

10. Runde (vMg): Farbe E nach der letzten M der 9. Runde anschlingen, 1 Lm, fM in dieselbe M, 11 fM, mit 1 Km mit der 1. M verbinden.

Abmaschen und die Fadenenden vernähen.

Hand (2 x häkeln)

Mit Farbe C 2 Lm häkeln.
1. Runde: 6 fM in die 1. Lm von der Nadel (= 6 M).
2. Runde: 1 fM in jede M.

Abmaschen und den Faden zum Annähen an die Ärmel lang hängen lassen.

Haare

Mit Farbe B 2 Lm häkeln.
1. Runde: 6 fM in die 2. Lm von der Nadel (= 6 M).
2. Runde: 2 fM in jede M (= 12 M).
3. Runde: (1 fM, 2 fM in die nächste M) 6 x (= 18 M).
4. Runde: (2 fM, 2 fM in die nächste M) 6 x (= 24 M).
5. Runde: (3 fM, 2 fM in die nächste M) 6 x (= 30 M).
6. Runde: (4 fM, 2 fM in die nächste M) 6 x (= 36 M).
7.–10. Runde: 1 fM in jede M.
11. Runde: 6 fM, *1 M überspringen, 5 hStb in die nächste M, 1 M überspringen, 1 Km in die nächste M, ab * 4 x wdh, 1 M überspringen, 5 hStb in die nächste M, 1 M überspringen, 7 fM (= 36 M, 6 Bögen).

Abmaschen und den Faden zum Annähen an den Kopf lang hängen lassen.

Dutt

Mit Farbe B 2 Lm häkeln.

1. Runde: 6 fM in die 2. Lm von der Nadel (= 6 M).

2. Runde: 2 fM in jede M (= 12 M).

3. Runde: (1 fM, 2 fM in die nächste M) 6 x (= 18 M).

4.–6. Runde: 1 fM in jede M.

7. Runde: (1 fM, 2 fM zus) 6 x (= 12 M).

Abmaschen und den Faden zum Annähen an die Haare lang hängen lassen.

Heiligenschein

Mit Farbe E 24 Lm häkeln, mit 1 Km mit der 1. Lm verbinden.

1. Runde: 1 Km in jede M, mit 1 Km mit der 1. M verbinden.

Abmaschen und den Faden zum Annähen an die Haare lang hängen lassen.

Flügel (2 x häkeln)

Mit Farbe A 3 Lm häkeln.

1. Runde: 8 hStb in die 3. Lm von der Nadel, die beiden ersten Lm zählen jeweils als hStb (= 9 M).

2. Runde: 2 Lm, 1 hStb in die 1. M, 2 hStb in jede M (= 18 M).

3. Runde: 2 Lm, 2 hStb in die nächste M, (1 hStb, 2 hStb in die nächste M) 8 x (= 27 M).

Abmaschen und den Faden zum Zusammennähen lang hängen lassen.

Fertigstellen

Die Sicherheitsaugen zwischen der 8. und 9. Runde mit 6 M Abstand am Kopf anbringen. Den Kopf ausstopfen. Die Wangen aufnähen. Mit rotem Stickgarn den Mund, mit schwarzem die Wimpern aufsticken. Die Haare an den Kopf nähen. Den Dutt ausstopfen und auf die Haare nähen. Den Heilgenschein vor dem Dutt an die Haare nähen. Den Körper ausstopfen und an den Kopf nähen. Die Ärmel flach falten und die Hände durch die hMg an die obere Hälfte der Ärmel nähen. Die verbliebene Ärmelöffnung durch die hMg schließen. Das obere Ende der Ärmel an den Körper nähen und die Hände mit ein paar Stichen aneinandernähen. Die Flügel rechts auf rechts aufeinanderlegen und an einer Seite über 5 M die Kanten zusammennähen. Die Flügel öffnen und so oben an die Körperrückseite nähen, dass die rechte Seite nach vorne zeigt.

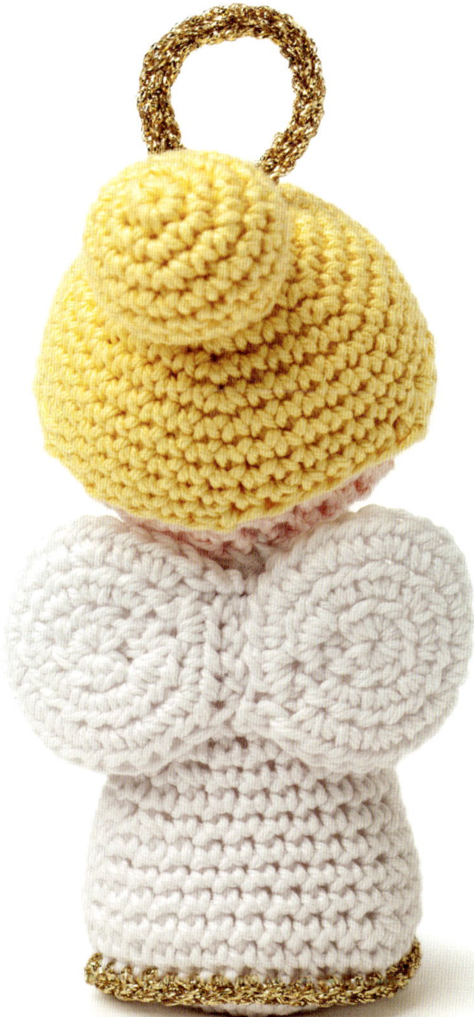

Leckeres Törtchen

KÖSTLICHE WEIHNACHTEN!

Material

- Baumwollgarn (LL 25 g/57,5 m), je 1 Knäuel in Braun (A), Cremeweiß (B) sowie Reste in Rot (C) und Grün (D)
- 2 Sicherheitsaugen, 10 mm
- Schwarzes Stickgarn
- Füllmaterial

Zubehör

- Häkelnadel 3,5 mm
- Maschenmarkierer

Fertige Größe

- 9 cm hoch

Anleitung

Törtchen

Mit Farbe A 2 Lm häkeln.

1. Runde: 6 fM in die 2. Lm von der Nadel (= 6 M).

2. Runde: 2 fM in jede M (= 12 M).

3. Runde: (1 fM, 2 fM in die nächste M) 6 x (= 18 M).

4. Runde: (2 fM, 2 fM in die nächste M) 6 x (= 24 M).

5. Runde: (3 fM, 2 fM in die nächste M) 6 x (= 30 M).

6. Runde: (4 fM, 2 fM in die nächste M) 6 x (= 36 M).

7. Runde: (5 fM, 2 fM in die nächste M) 6 x (= 42 M.)

8.–14. Runde: 1 fM in jede M.

15. Runde: (5 fM, 2 fM zus) 6 x (= 36 M).

16. Runde: (4 fM, 2 fM zus) 6 x (= 30 M).

17. Runde: (3 fM, 2 fM zus) 6 x (= 24 M).

18. Runde: (2 fM, 2 fM zus) 6 x (= 18 M).

19. Runde: (1 fM, 2 fM zus) 6 x (= 12 M).

Die Sicherheitsaugen zwischen der 10. und 11. Runde im Abstand von 6 M anbringen. Das Törtchen ausstopfen.

20. Runde: (2 fM zus) 6 x (= 6 M).

Abmaschen und die Öffnung schließen. Sie liegt an der Oberseite des Törtchens.

Wange (2 x häkeln)

Mit Farbe C 2 Lm häkeln.

1. Runde: 6 fM in die 2. Lm von der Nadel, mit 1 Km mit der 1. fM verbinden (= 6 M).

Abmaschen und den Faden zum Annähen an das Törtchen lang hängen lassen.

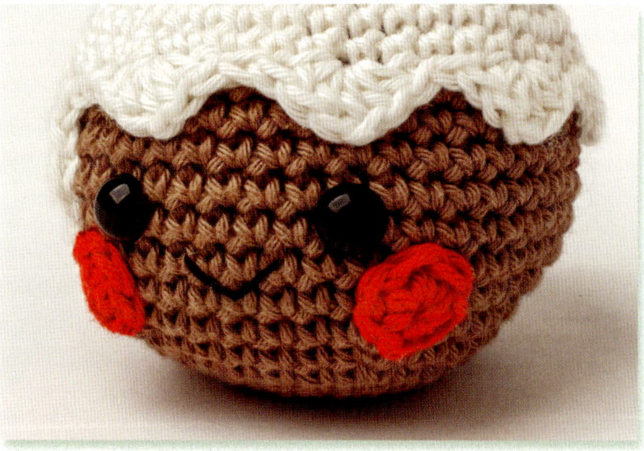

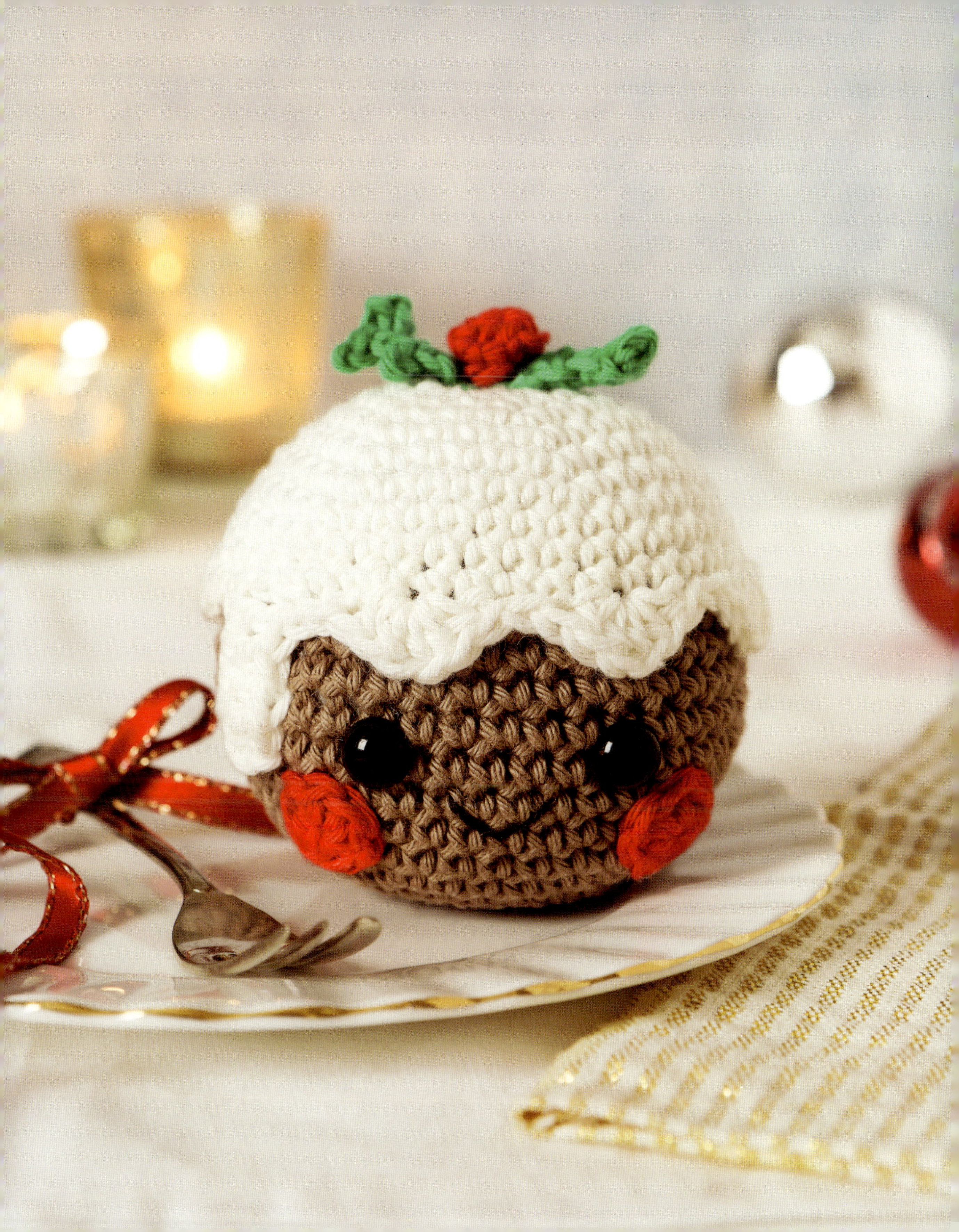

Sahne

Mit Farbe B 2 Lm häkeln.

1. Runde: 6 fM in die 2. Lm von der Nadel (= 6 M).

2. Runde: 2 fM in jede M (= 12 M).

3. Runde: (1 fM, 2 fM in die nächste M) 6 x (= 18 M).

4. Runde: (2 fM, 2 fM in die nächste M) 6 x (= 24 M).

5. Runde: (3 fM, 2 fM in die nächste M) 6 x (= 30 M).

6. Runde: (4 fM, 2 fM in die nächste M) 6 x (= 36 M).

7. Runde: (5 fM, 2 fM in die nächste M) 6 x (= 42 M).

8.–10. Runde: 1 fM in jede M.

11. Runde: 1 Km, *1 M überspringen, 5 hStb in die nächste M, 1 M überspringen, 2 Km, ab * 1 x wdh, 7 Lm, 1 Stb in die 4. Lm von der Nadel, 3 Stb, 2 M der 10. Runde überspringen, 2 Km, **1 M überspringen, 5 hStb in die nächste M, 1 M überspringen, 2 Km, ab ** 2 x wdh, ***1 M überspringen, 5 hStb in die nächste M, 1 M überspringen, 1 Km, ab *** 2 x wdh (= 8 Bögen, 1 „Tropfen“).

Abmaschen und den Faden zum Annähen an das Törtchen lang hängen lassen.

Beere

Mit Farbe C 2 Lm häkeln.

1. Runde: 6 fM in die 2. Lm von der Nadel (= 6 M).

2. Runde: 1 fM in jede M.

Abmaschen. Die Öffnung schließen und den Faden zum Annähen an die Blätter lang hängen lassen.

Blatt (2 x häkeln)

Mit Farbe D 4 Lm häkeln.

1. Reihe: 1 fM in die 2. M von der Nadel, *2 Lm, 1 Km in die 2. M von der Nadel, 1 fM, ab * 1 x wdh.

Abmaschen und den Faden zum Annähen an die Sahne lang hängen lassen.

Fertigstellen

Die Sahne oben auf das Törtchen legen und rundum entlang des gewellten Randes festnähen. Die Wangen seitlich unterhalb der Augen aufnähen. Mit schwarzem Stickgarn den Mund aufsticken. Die Blätter und die Beere in der oberen Mitte auf das Törtchen nähen.

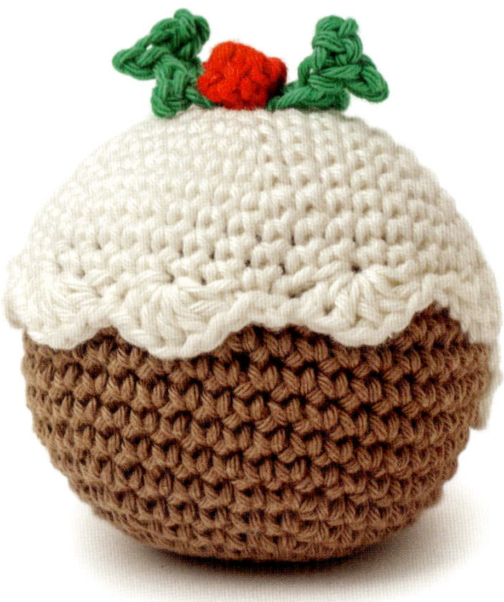

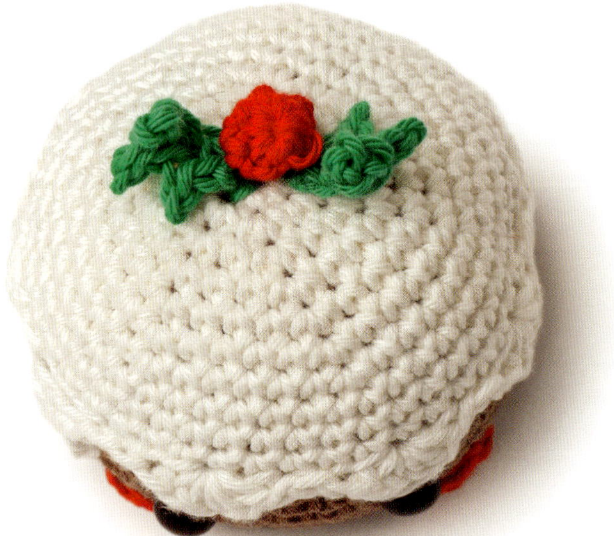

Pinguin

HERAUSGEPUTZTER PINGUIN

Material
- Baumwollgarn (LL 20 g/43 m), je 1 Knäuel in Dunkelgrau (A), Hellgrau (B), Rot (C) und Weiß (D) sowie ein Rest in Orange (E)
- 2 Sicherheitsaugen, 9 mm
- Schwarzes Stickgarn

Zubehör
- Häkelnadel 3,5 mm
- Maschenmarkierer

Fertige Größe
- 15 cm hoch

Anleitung

Kopf und Körper

Mit Farbe A 2 Lm häkeln.

1. Runde: 6 fM in die 2. Lm von der Nadel (= 6 M).

2. Runde: 2 fM in jede M (= 12 M).

3. Runde: (1 fM, 2 fM in die nächste M) 6 x (= 18 M).

4. Runde: (2 fM, 2 fM in die nächste M) 6 x (= 24 M).

5. Runde: (3 fM, 2 fM in die nächste M) 6 x (= 30 M).

6. Runde: (4 fM, 2 fM in die nächste M) 6 x (= 36 M).

7. Runde: 14 fM in Farbe A, 2 fM in Farbe D, 4 fM in Farbe A, 2 fM in Farbe D, 14 fM in Farbe A.

8. und 9. Runde: 13 fM in Farbe A, 4 fM in Farbe D, 2 fM in Farbe A, 4 fM in Fabe D, 13 fM in Farbe A.

10.–12. Runde: 12 fM in Farbe A, 12 fM in Farbe D, 12 fM in Farbe A.

Die Sicherheitsaugen zwischen der 9. und 10. Rund mit 6 M Abstand anbringen.

Zu Farbe C wechseln, den Faden von Farbe A abschneiden. Den Faden von Farbe D nicht abschneiden, sondern innen mitführen.

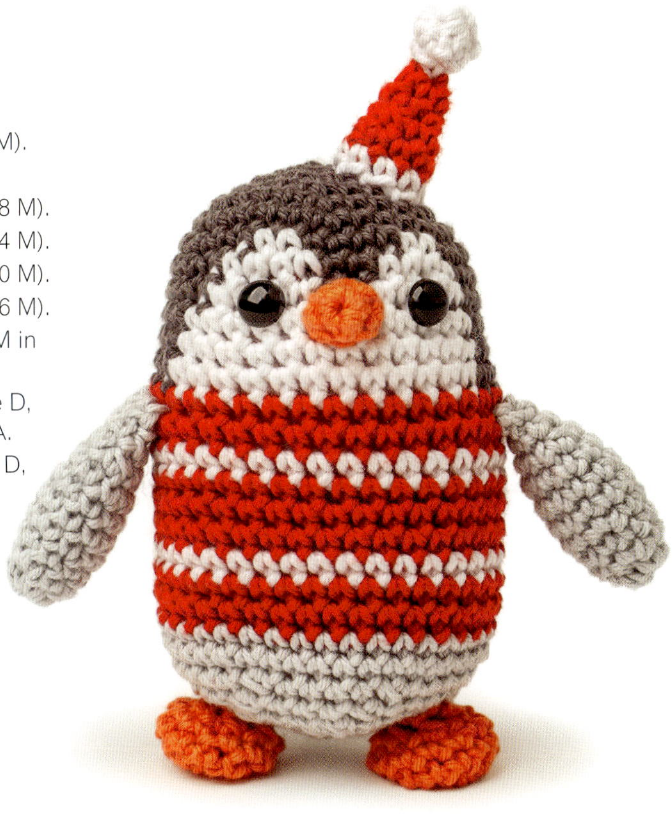

13. und 14. Runde: 1 fM in jede M.

15. Runde: Zu Farbe D wechseln, den Faden der nicht verwendeten Farbe hängen lassen und innen mitführen, 1 fM in jede M.

16.–18. Runde: Mit Farbe C 1 fM in jede M.

19. Runde: Mit Farbe D 1 fM in jede M.

20. und 21. Runde: Mit Farbe C 1 fM in jede M.

Zu Farbe B wechseln, die Fäden von Farbe C und D abschneiden.

22. und 23. Runde: 1 fM in jede M.

24. Runde: (4 fM, 2 fM zus) 6 x (= 30 M).

25. Runde: (3 fM, 2 fM zus) 6 x (= 24 M).

26. Runde: (2 fM, 2 fM zus) 6 x (= 18 M).

27. Runde: (1 fM, 2 fM zus) 6 x (= 12 M).

Den Körper ausstopfen.

28. Runde: (2 fM zus) 6 x (= 6 M).

Abmaschen und die Öffnung schließen.

Schnabel

Mit Farbe E 2 Lm häkeln.

1. Runde: 6 fM in die 2. M von der Nadel (= 6 M).

2. Runde: 1 fM in jede M.

Abmaschen und den Faden zum Annähen an den Kopf lang hängen lassen.

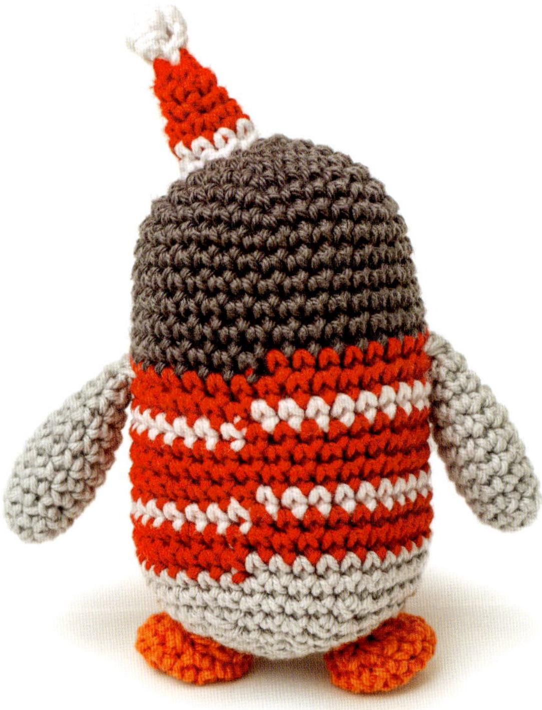

Flosse (2 x häkeln)

Mit Farbe B 2 Lm häkeln.

1. Runde: 6 fM in die 2. M von der Nadel (= 6 M).

2. Runde: (1 fM, 2 fM in die nächste M) 3 x (= 9 M).

3. Runde: 1 fM in jede M.

4. Runde: (2 fM, 2 fM in die nächste M) 3 x (= 12 M).

5.–7. Runde: 1 fM in jede M.

8. Runde: (2 fM, 2 fM zus) 3 x (= 9 M).

9.–10. Runde: 1 fM in jede M.

Abmaschen und den Faden zum Annähen an den Körper lang hängen lassen.

Fuß (2 x häkeln)

Mit Farbe E 2 Lm häkeln.

1. Runde: 6 fM in die 2. M von der Nadel (= 6 M).

2. Runde: 2 fM in jede M (= 12 M).

3. und 4. Runde: 1 fM in jede M.

5. Runde: (2 fM zus) 6 x (= 6 M).

Abmaschen und den Faden zum Annähen an den Körper lang hängen lassen.

Mütze

Mit Farbe C 2 Lm häkeln.

1. Runde: 6 fM in die 2. M von der Nadel (= 6 M).

2. und 3. Runde: 1 fM in jede M.

4. Runde: (1 fM, 2 fM in die nächste M) 3 x (= 9 M).

5. Runde: 1 fM in jede M.

6. Runde: Zu Farbe D wechseln, 1 fM in jede M.

Abmaschen und den Faden zum Annähen an den Kopf lang hängen lassen.

Bommel

Mit Farbe D 2 Lm häkeln.

1. Runde: 6 fM in die 2. M von der Nadel (= 6 M).

2. Runde: (1 fM, 2 fM zus) 2 x (= 4 M).

Abmaschen und den Faden zum Annähen an die Mütze lang hängen lassen.

Fertigstellen

Den Schnabel an den Kopf nähen. Die Flossen etwas ausstopfen und an den Körper nähen. Die 1. und 5. Runde der Füße aneinanderlegen, die Füße dafür flach legen, und an den Körper nähen. Den Bommel an die Mütze nähen. Die Mütze ausstopfen und mit dem Fadenende auf den Kopf nähen.

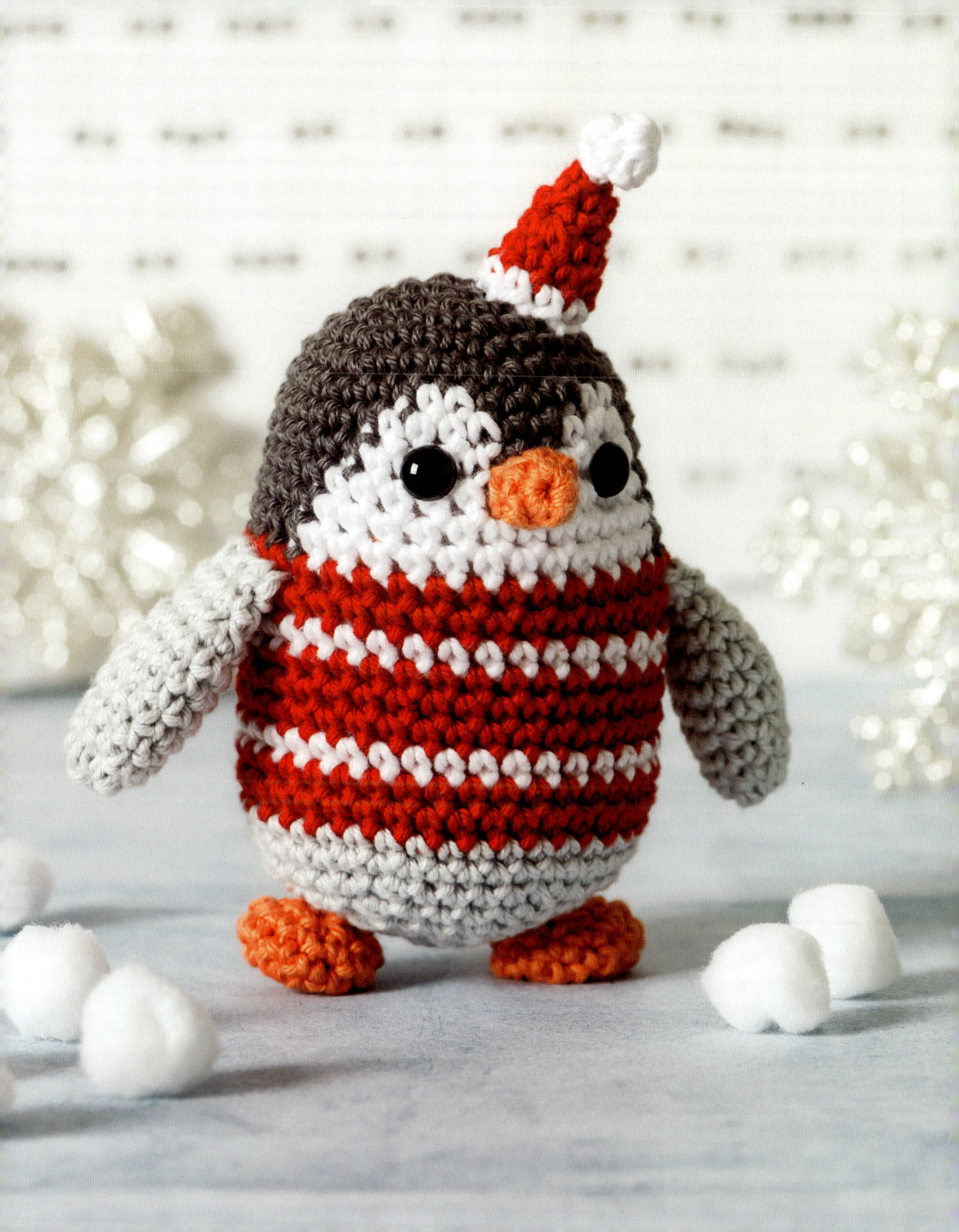

Rosenkohl

LUSTIGES GEMÜSE

Material

Für ein Röschen:

- Baumwollgarn (LL 25 g/57,5 m), 1 Knäuel in Grün (A) sowie ein Rest in Rosa (B)
- 2 Sicherheitsaugen, 9 mm
- Schwarzes Stickgarn
- Füllmaterial

Zubehör

- Häkelnadel 3,5 mm
- Maschenmarkierer

Fertige Größe

- 6,5 cm breit

Anleitung

Kopf

Mit Farbe A 2 Lm häkeln.

1. Runde: 6 fM in die 2. Lm von der Nadel (= 6 M).

2. Runde: 2 fM in jede M (= 12 M).

3. Runde: (1 fM, 2 fM in die nächste M) 6 x (= 18 M).

4. Runde: (2 fM, 2 fM in die nächste M) 6 x (= 24 M).

5.–10. Runde: 1 fM in jede M.

11. Runde: (2 fM, 2 fM zus) 6 x (= 18 M).

12. Runde: (1 fM, 2 fM zus) 6 x (= 12 M).

Die Sicherheitsaugen zwischen der 3. und 4. Runde im Abstand von 8 M anbringen. Mit schwarzem Stickgarn den Mund aufsticken. Den Körper ausstopfen.

13. Runde: 2 fM zus 6 x (= 6 M).

Abmaschen und die Öffnung schließen, dabei der Anleitung auf Seite 14 und 15 folgen.

Wange (2 x häkeln)

Mit Farbe B 2 Lm häkeln.

1. Runde: 6 fM in die 2. Lm von der Nadel, mit 1 Km mit der 1. fM verbinden (= 6 M).

Abmaschen und den Faden zum Annähen an das Röschen lang hängen lassen.

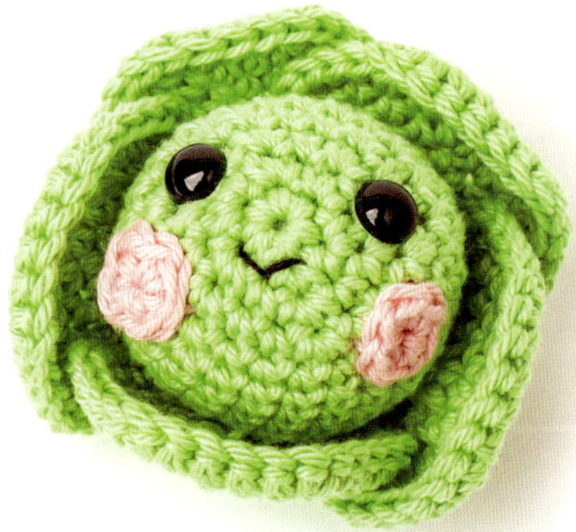

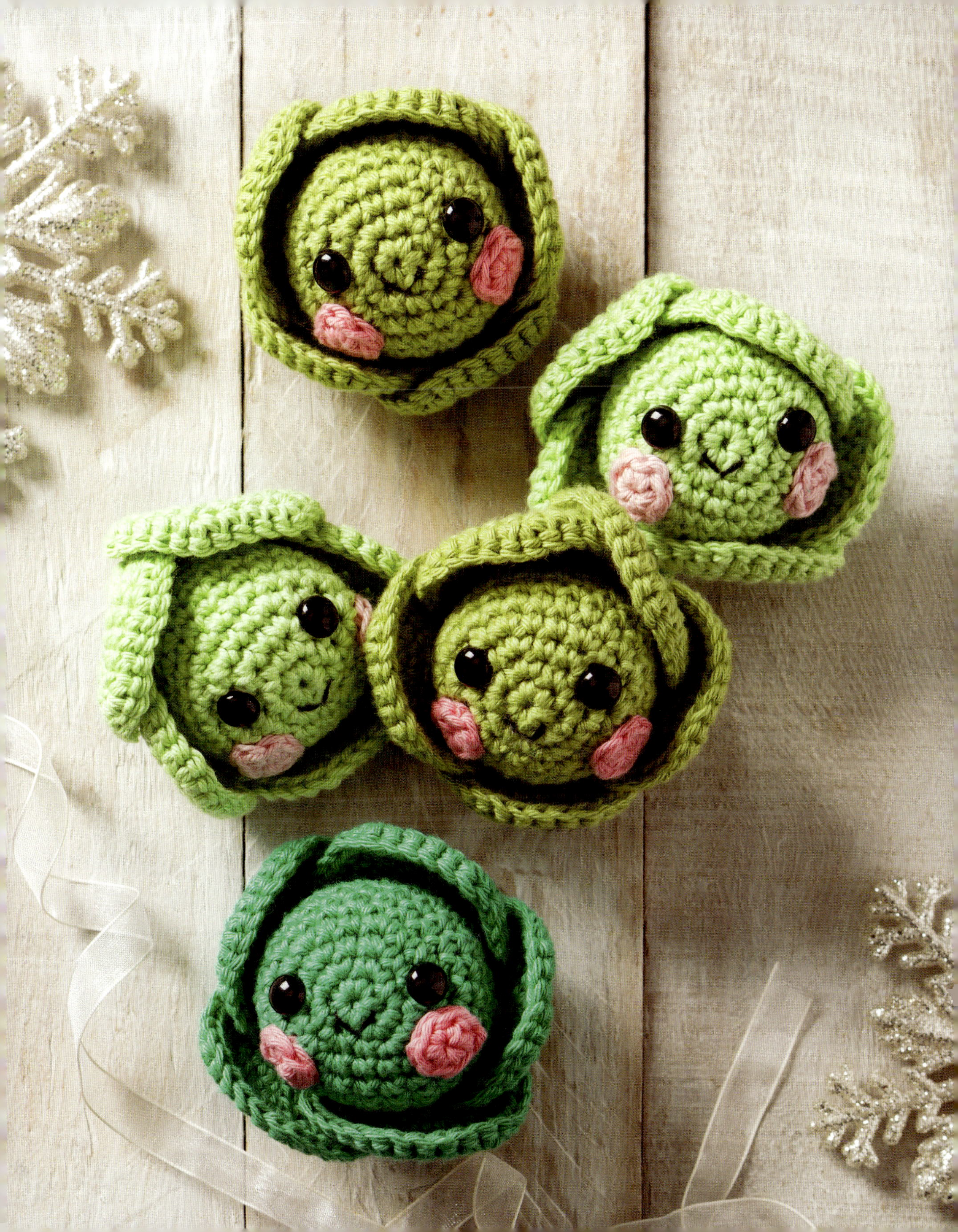

Blatt (5 x häkeln)

Mit Farbe A 2 Lm häkeln, dabei einen langen Anfangsfaden stehen lassen.

1. Runde: 6 fM in die 2. M von der Nadel (= 6 M).

2. Runde: 2 fM in jede M (= 12 M).

3. Runde: (1 fM, 2 fM in die nächste M) 6 x (= 18 M).

4. Runde: (2 fM, 2 fM in die nächste M) 6 x (= 24 M).

5. Runde: (3 fM, 2 fM in die nächste M) 6 x (= 30 M).

Abmaschen und den Endfaden zum Annähen an das Röschen lang hängen lassen.

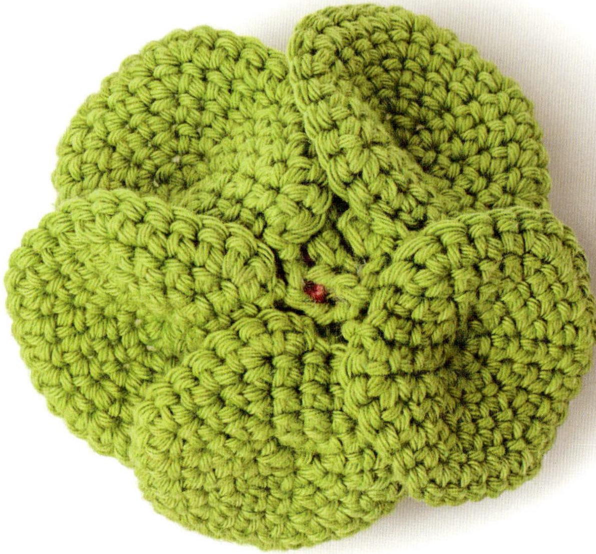

Fertigstellen

Die Wangen auf das Röschen nähen. Die Blätter, mit der linken Seite nach außen zeigend, mit dem Anfangsfaden seitlich, mit dem Endfaden unten an das Röschen nähen.

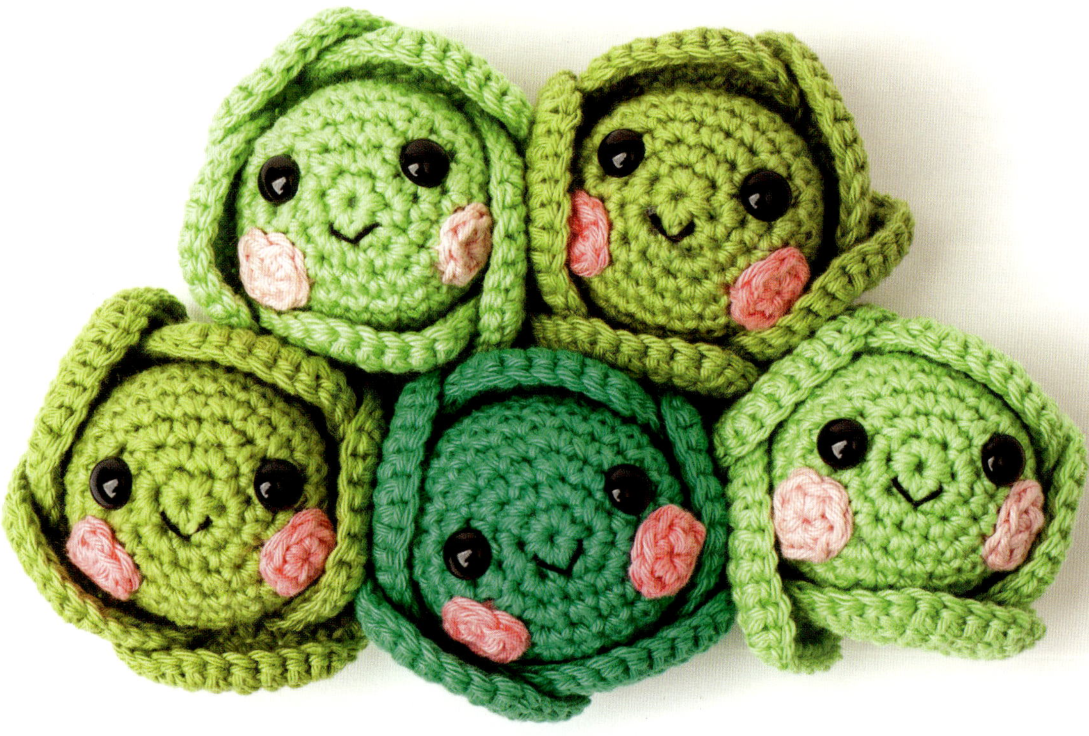

Weihnachts-pastetchen

DELIKATES FEST!

Material

Für drei Pasteten:

- Baumwollgarn (LL 25 g/57,5 m), je 1 Knäuel in Beige (A) und Braun (B)
- 6 Sicherheitsaugen, 9 mm
- Rotes und schwarzes Stickgarn
- Füllmaterial

Zubehör

- Häkelnadel 3,5 mm
- Maschenmarkierer

Fertige Größe

- 8 cm Durchmesser

Anleitung

Boden

Mit Farbe A 2 Lm häkeln.
1. Runde: 6 fM in die 2. M von der Nadel (= 6 M).
2. Runde: 2 fM in jede M (= 12 M).
3. Runde: (1 fM, 2 fM in die nächste M) 6 x (= 18 M).
4. Runde: (2 fM, 2 fM in die nächste M) 6 x (= 24 M).
5. Runde: (3 fM, 2 fM in die nächste M) 6 x (= 30 M).
6. Runde (hMg): 1 fM in jede M.
7. Runde: (4 fM, 2 fM in die nächste M) 6 x (= 36 M).
8. Runde: 1 fM in jede M.
9. Runde: (5 fM, 2 fM in die nächste M) 6 x (= 42 M).
10. Runde: 1 fM in jede M.
11. Runde (vMg): 1 fM in jede M.
Abmaschen.

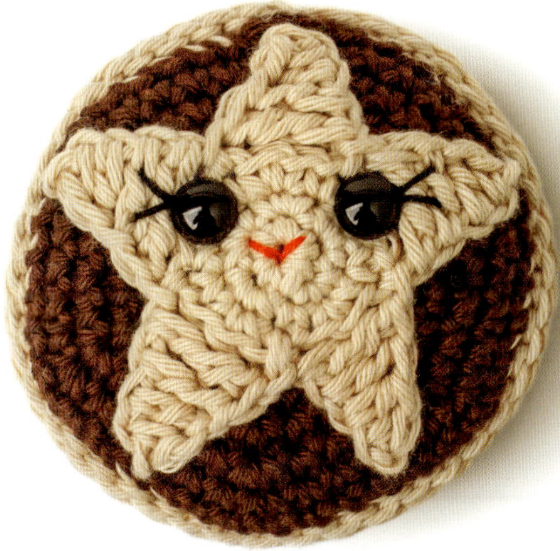

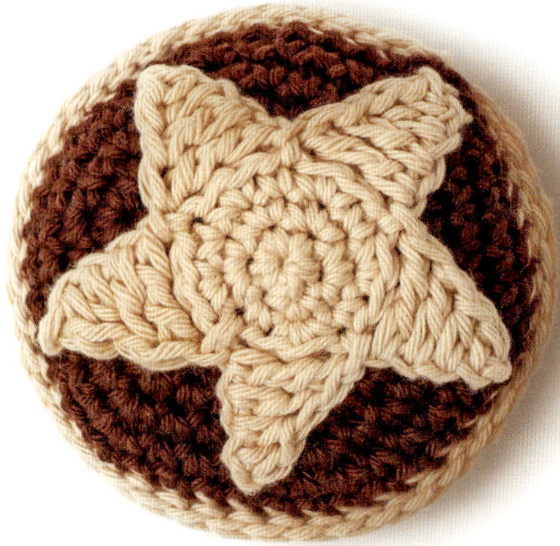

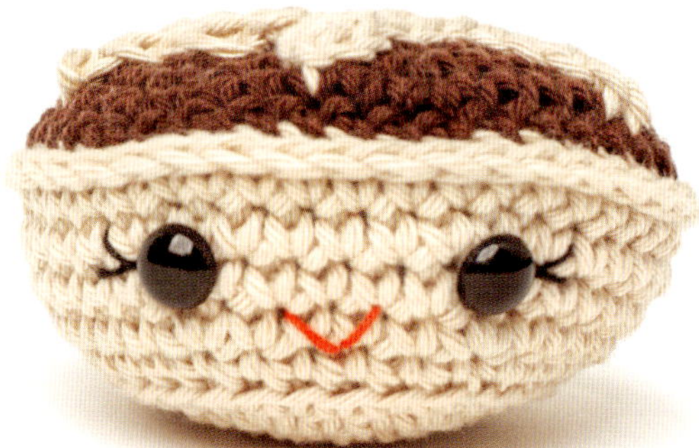

Füllung

Mit Farbe B 2 Lm häkeln.

1. Runde: 6 fM in die 2. M von der Nadel (= 6 M).

2. Runde: 2 fM in jede M (= 12 M).

3. Runde: (1 fM, 2 fM in die nächste M) 6 x (= 18 M).

4. Runde: (2 fM, 2 fM in die nächste M) 6 x (= 24 M).

5. Runde: (3 fM, 2 fM in die nächste M) 6 x (= 30 M).

6. Runde: (4 fM, 2 fM in die nächste M) 6 x (= 36 M).

7. Runde: (5 fM, 2 fM in die nächste M) 6 x (= 42M).

Abmaschen und den Faden zum Annähen an den Boden lang hängen lassen.

Stern

Mit Farbe A 2 Lm häkeln.

1. Runde: 5 fM in die 2. M von der Nadel (= 5 M).

2. Runde: 2 fM in jede M (= 10 M).

3. Runde: (1 fM, 2 fM in die nächste M) 5 x, mit 1 Km mit der 1. M verbinden (= 15 M).

4. Runde: *5 Lm, 1 fM in die 2. M von der Nadel, 1 hStb, 1 Stb, 1 DStb, 2 M der 3. Runde überspringen, 1 Km in die nächste M, ab * 4 x wdh, bis 5 Spitzen gehäkelt sind.

Abmaschen und den Faden zum Annähen auf der Füllung lang hängen lassen.

Fertigstellen

Den Stern auf die Füllung nähen. Wenn das Gesicht oben auf der Pastete sein soll, die Sicherheitsaugen im Abstand von 5 M zwischen der 3. und 4. Runde auf dem Stern anbringen, dabei sowohl am Stern als auch an der Füllung befestigen. Alternativ das Gesicht auf der Seite anbringen, dafür die Sicherheitsaugen im Abstand von 6 M zwischen der 8. und 9. Runde des Bodens befestigen.

Mit rotem Stickgarn den Mund, mit schwarzem die Wimpern aufsticken. Die Füllung durch beide Schlingen der Füllung und die hMg des Bodens annähen (siehe Seite 29). Vor dem Schließen den Boden ausstopfen.

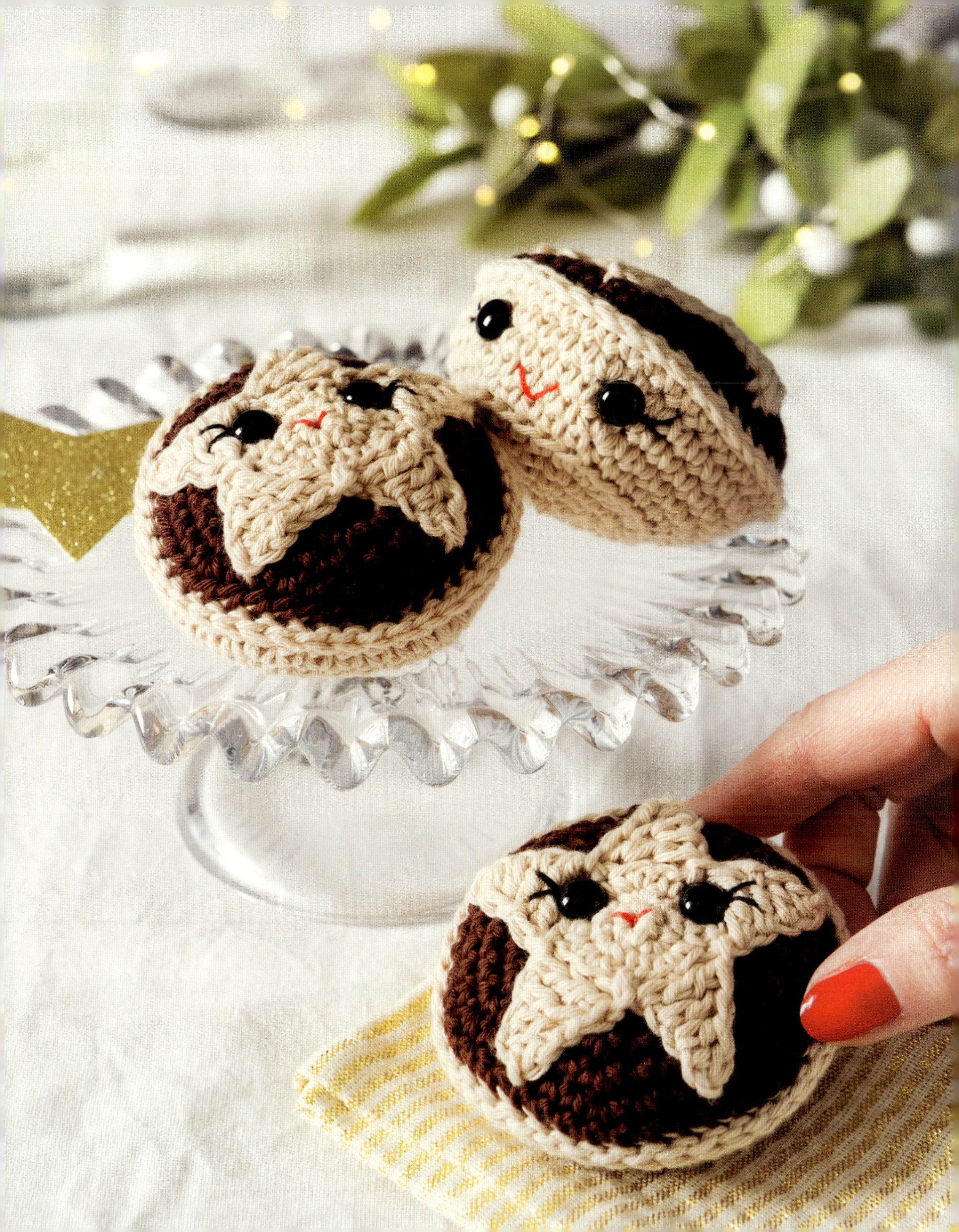

Karotten

KNACKIGE KERLE MIT VIELEN VITAMINEN

Material

Für drei Karotten:

- Baumwollgarn (LL 20 g/43 m), 1 Knäuel in Orange (A) sowie einen Rest in Grün (B)
- 6 Sicherheitsaugen, 9 mm
- Schwarzes Stickgarn
- Füllmaterial

Zubehör

- Häkelnadel 3,5 mm
- Maschenmarkierer

Fertige Größe

- 14 cm hoch

Anleitung

Karotte

Mit Farbe A 2 Lm häkeln.

1. Runde: 1 fM in die 2. M von der Nadel (= 6 M).

2. und 3. Runde: 1 fM in jede M.

4. Runde: (1 fM, 2 fM in die nächste M) 3 x (= 9 M).

5. und 6. Runde: 1 fM in jede M.

7. Runde: (2 fM, 2 fM in die nächste M) 3 x (= 12 M).

8. und 9. Runde: 1 fM in jede M.

10. Runde: (3 fM, 2 fM in die nächste M) 3 x (= 15 M).

11. und 12. Runde: 1 fM in jede M.

13. Runde: (4 fM, 2 fM in die nächste M) 3 x (= 18 M).

14. und 15. Runde: 1 fM in jede M.

16. Runde: (5 fM, 2 fM in die nächste M) 3 x (= 21 M).

17.–21. Runde: 1 fM in jede M.

22. Runde: (5 fM, 2 fM zus) 3 x (= 18 M).

Die Sicherheitsaugen zwischen der 19. und 20. Runde im Abstand von 5 M anbringen. Mit schwarzem Stickgarn den Mund aufsticken. Die Karotte ausstopfen.

23. Runde: (1 fM, 2 fM zus) 6 x (= 12 M).

24. Runde: 2 fM zus 6 x (= 6 M).

Abmaschen und den Faden zum späteren Schließen lang hängen lassen, falls nötig weiteres Füllmaterial nachstopfen.

Blätter

Farbe B in der oberen Mitte der Karotte anschlingen.

1. Runde: *15 Lm, 1 Km in die nächste M, ab * 5 x wdh, bis 6 Blätter gehäkelt sind.

Abmaschen.

Fertigstellen

Die Öffnung in der oberen Mitte der Karotte schließen.

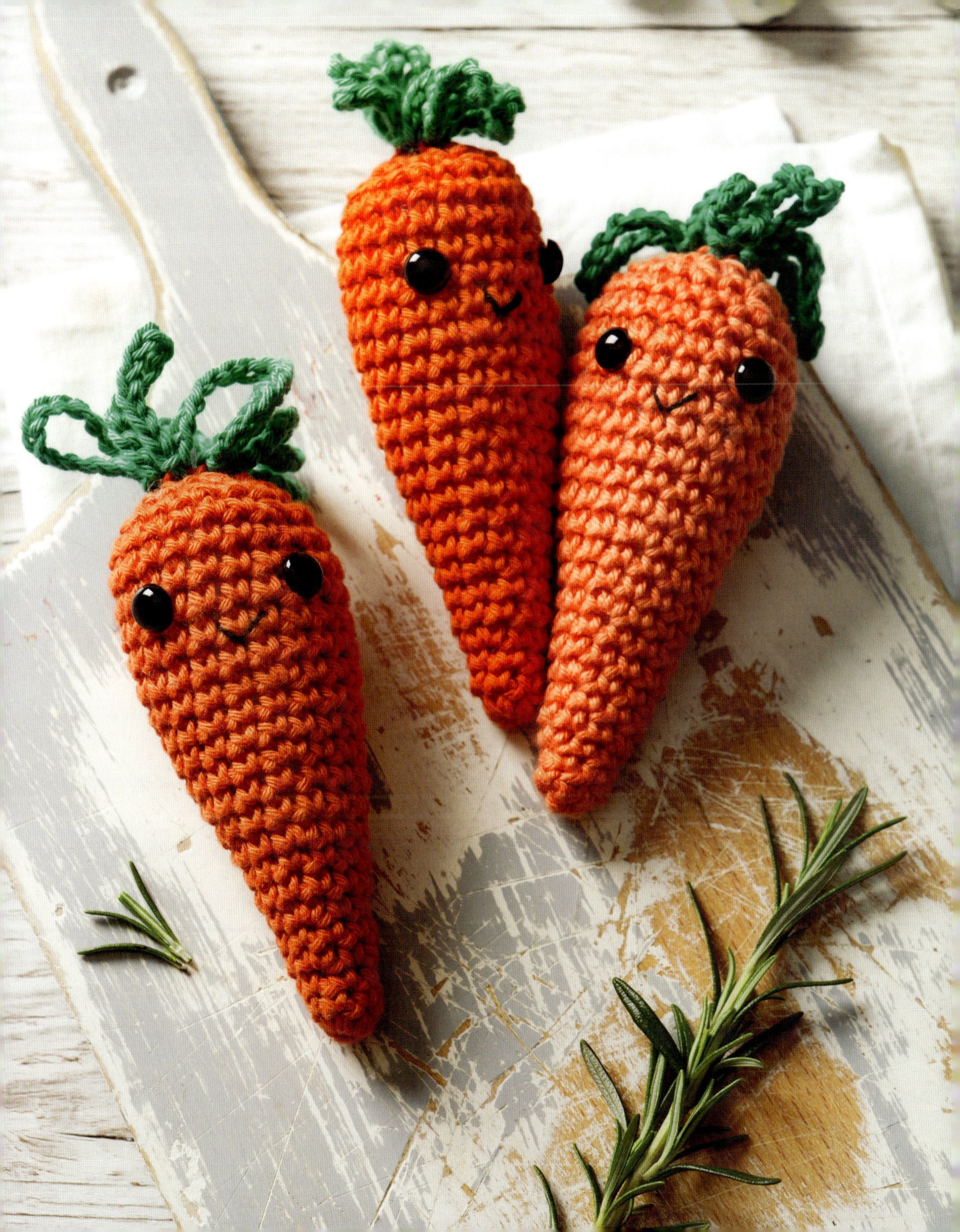

Würstchen im Speckmantel

EINGEWICKELT WIE EIN GESCHENK!

Material

Für drei Würstchen im Speckmantel:

- Baumwollgarn (LL 25 g/57,5 m), je 1 Knäuel in Braun (A), Pink (B) und Weiß (C)
- 6 Sicherheitsaugen, 6 mm
- Schwarzes Stickgarn
- Füllmaterial

Zubehör

- Häkelnadel 3,5 mm
- Maschenmarkierer

Fertige Größe

- 8 cm hoch

Anleitung

Würstchen

Mit Farbe A 2 Lm häkeln.

1. Runde: 5 fM in die 2. M von der Nadel (= 5 M).

2. Runde: 2 fM in jede M (= 10 M).

3. Runde: (1 fM, 2 fM in die nächste M) 5 x (= 15 M).

4.–17. Runde: 1 fM in jede M.

Die Sicherheitsaugen zwischen der 5. und 6. Runde im Abstand von 3 M anbringen. Mit schwarzem Stickgarn den Mund aufsticken. Das Würstchen ausstopfen.

18. Runde: (1 fM, 2 fM zus) 5 x (= 10 M).

19. Runde: (2 fM zus) 5 x (= 5 M).

Das Würstchen fertig ausstopfen. Abmaschen und die Öffnung schließen.

Speck

Mit Farbe B 26 Lm häkeln.

1. Reihe: 1 fM in die 2. M von der Nadel, 1 fM in jede M, wenden (= 25 M).

2. Reihe: Zu Farbe C wechseln, 1 Lm, 1 fM in jede M, wenden.

3. Reihe: Zu Farbe B wechseln, 1 Lm, 1 fM in jede M, wenden.

4. Reihe: Zu Farbe C wechseln, 1 Lm, 1 fM in jede M. Abmaschen und Fadenenden vernähen.

Fertigstellen

Den Speck um das Würstchen wickeln und mit ein paar Stichen fixieren.

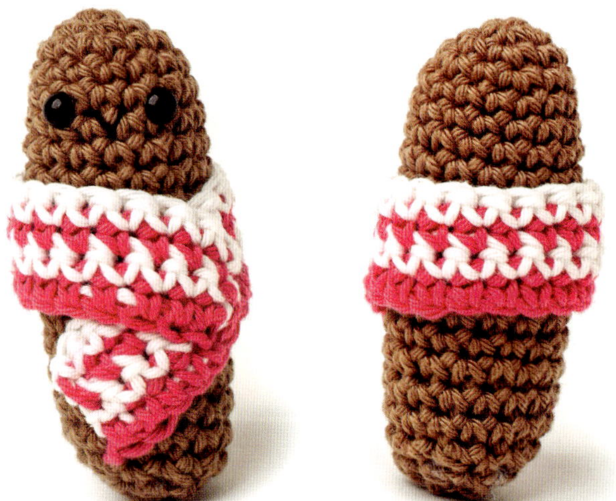

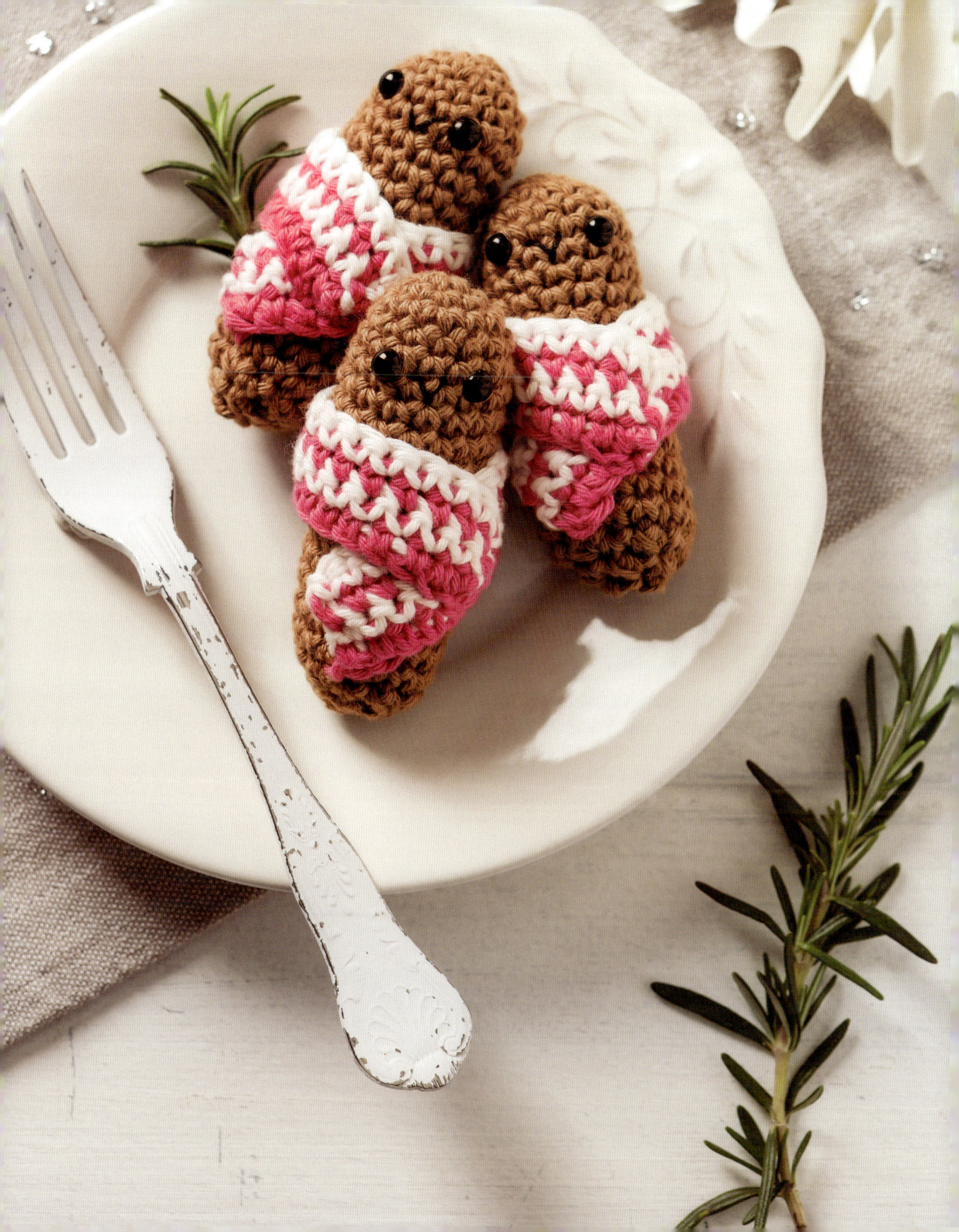

Lebkuchenmann

ZUM VERNASCHEN!

Material

- Baumwollgarn (LL 20 g/43 m), 1 Knäuel in Braun (A) sowie Reste in Rosa (B), Grün (C), Türkis (D) und Cremeweiß (E)
- 2 Sicherheitsaugen, 9 mm
- Schwarzes Stickgarn
- Füllmaterial

Zubehör

- Häkelnadel 3,5 mm
- Maschenmarkierer

Fertige Größe

- 15 cm hoch

Anleitung

Kopf

Mit Farbe A, 2 Lm häkeln.

1. Runde: 5 fM in die 2. M von der Nadel (= 5 M).

2. Runde: 2 fM in jede M (= 10 M).

3. Runde: (1 fM, 2 fM in die nächste M) 5 x (= 15 M).

4. Runde: (2 fM, 2 fM in die nächste M) 5 x (= 20 M).

5. Runde: (3 fM, 2 fM in die nächste M) 5 x (= 25 M).

6.–9. Runde: 1 fM in jede M.

10. Runde: (3 fM, 2 fM zus) 5 x (= 20 M).

11. Runde: (2 fM, 2 fM zus) 5 x (= 15 M).

12. Runde: (1 fM, 2 fM zus) 5 x (= 10 M).

Abmaschen.

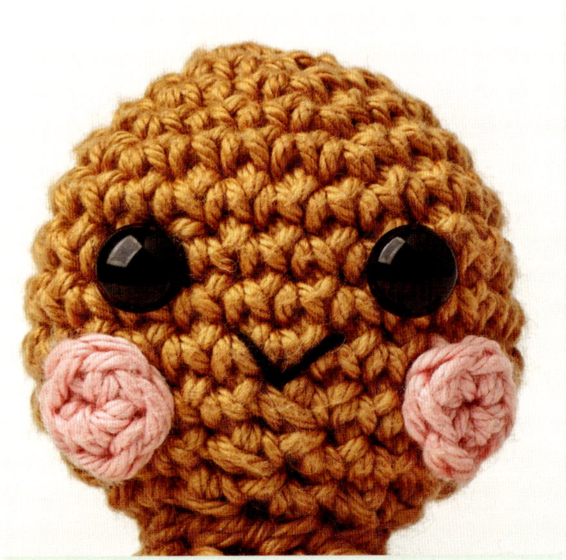

Wange (2 x häkeln)

Mit Farbe B 2 Lm häkeln.

1. Runde: 5 fM in die 2. Lm von der Nadel, mit 1 Km mit der 1. fM verbinden (= 5 M).

Abmaschen und den Faden zum Annähen an den Kopf lang hängen lassen.

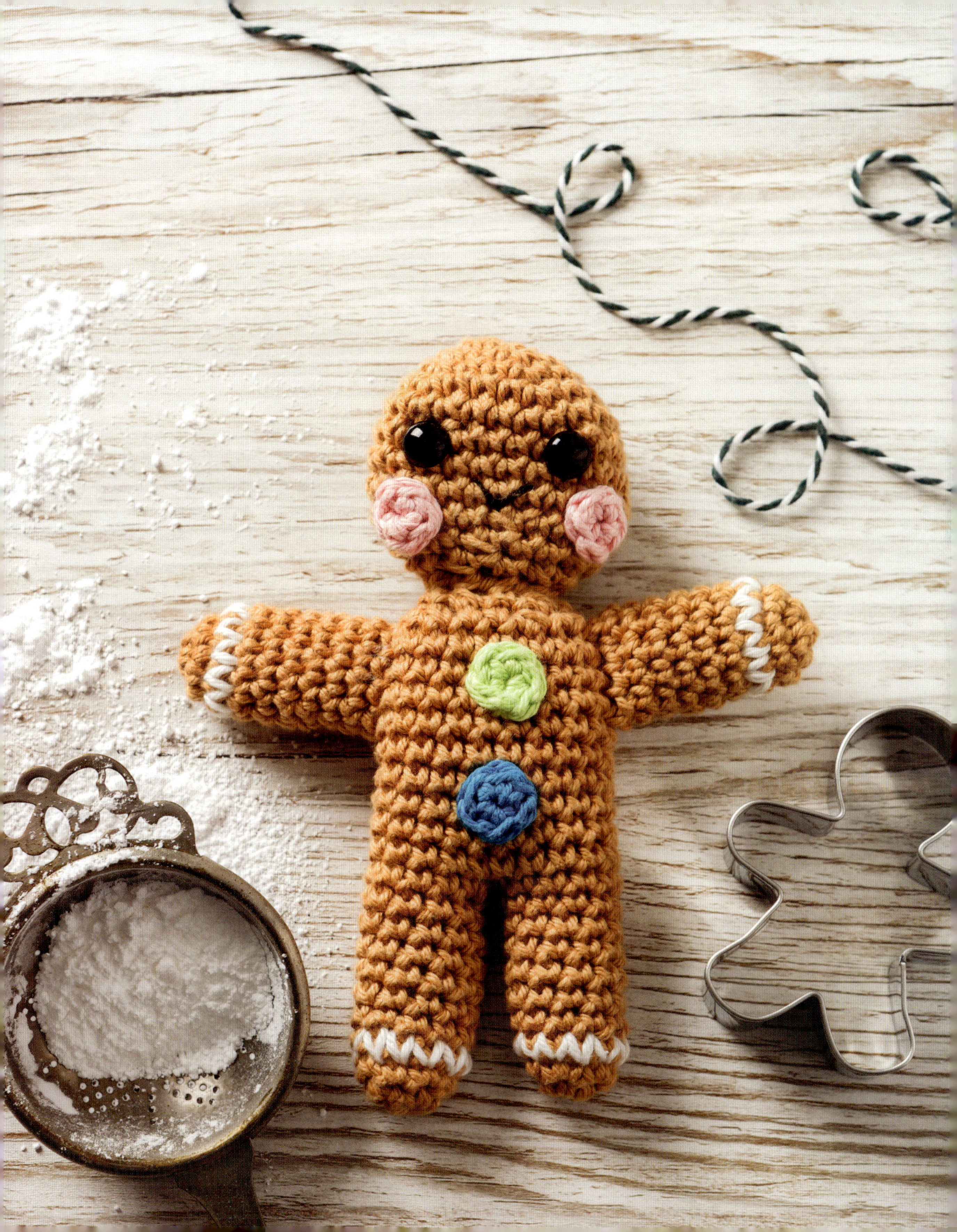

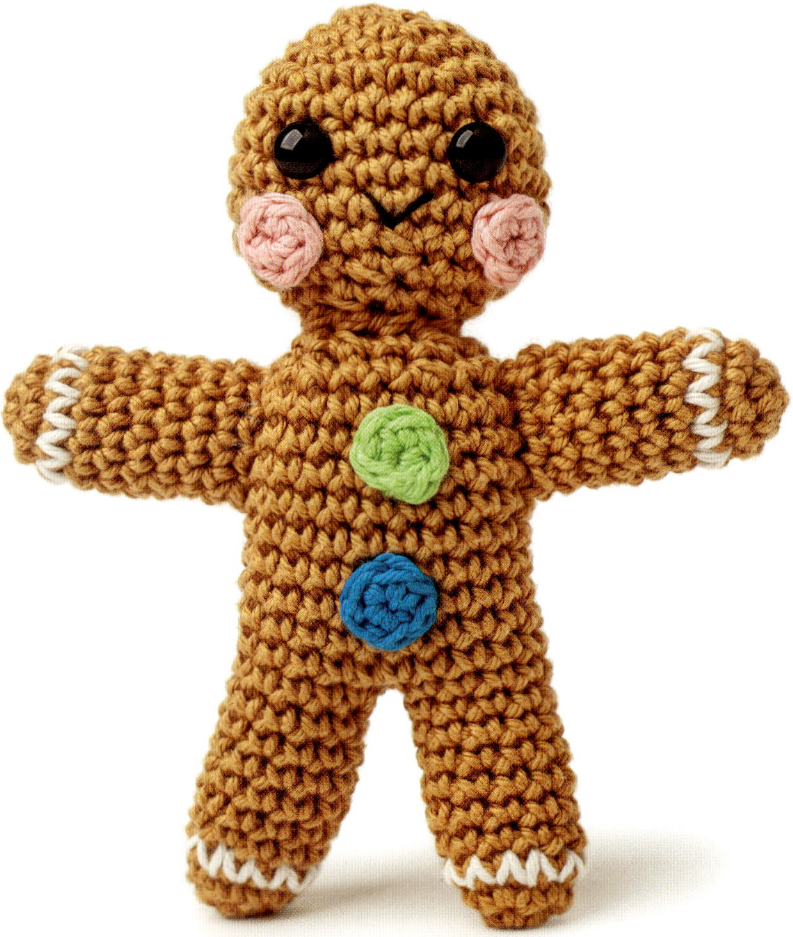

Bein (2 x häkeln)

Mit Farbe A 2 Lm häkeln.

1. Runde: 5 fM in die 2. Lm von der Nadel (= 5 M).

2. Runde: 2 fM in jede M (= 10 M).

3.–10. Runde: 1 fM in jede M.

Abmaschen.

Körper

1. Runde: Mit Farbe A nach der letzten M des 1. Beins anschlingen, 10 fM um das 1. Bein, dann 10 fM um das 2. Bein und so beide Beine verbinden (= 20 M).

2.–10. Runde: 1 fM in jede M.

11. Runde: (2 fM, 2 fM zus) 5 x (= 15 M).

12. Runde: (1 fM, 2 fM zus) 5 x (= 10 M).

Abmaschen und den Faden zum Annähen an den Kopf lang hängen lassen.

Arm (2 x häkeln)

Mit Farbe A 2 Lm häkeln.

1. Runde: 5 fM in die 2. Lm von der Nadel (= 5 M).

2. Runde: 2 fM in jede M (= 10 M).

3.–9. Runde: 1 fM in jede M.

Abmaschen und den Faden zum Annähen an den Körper lang hängen lassen.

Knopf (2 x häkeln)

1. Runde: 5 fM in die 2. Lm von der Nadel, mit 1 Km mit der 1. fM verbinden (= 5 M).

Abmaschen und den Faden zum Annähen an den Körper lang hängen lassen.

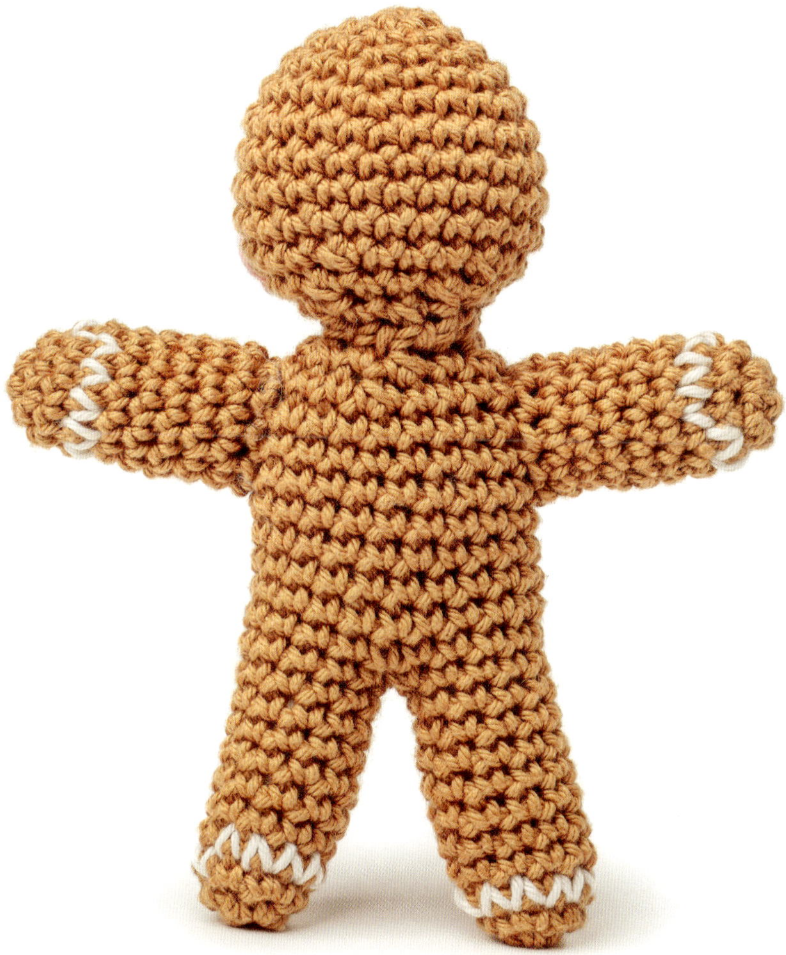

Fertigstellen

Die Sicherheitsaugen am Kopf zwischen der 7. und 8. Runde im Abstand von 5 M anbringen. Den Kopf etwas ausstopfen, er sollte aber flach bleiben. Die Wangen auf den Kopf nähen. Mit schwarzem Stickgarn den Mund aufsticken. Die Beine und den Körper leicht ausstopfen, sie sollen ebenfalls flach bleiben, dann an den Kopf nähen. Die Öffnung zwischen den Beinen schließen. Die Arme etwas ausstopfen, sodass auch sie flach bleiben, dann an den Körper nähen. Die Knöpfe auf den Körper nähen. Mit einem Faden in Farbe E entlang der 3. Runde der Arme und Beine ein Zickzackmuster aufsticken.

Eisbär

BÄRIGE WEIHNACHTEN!

Material

- Baumwollgarn (LL 25 g/57,5 m), je 1 Knäuel in Weiß (A) und Grün (B) sowie Reste in Türkis (C) und Grau (D)
- Rest Lurexgarn in Silber (E)
- 2 Sicherheitsaugen, 9 mm
- Füllmaterial

Zubehör

- Häkelnadel 3,5 mm
- Maschenmarkierer

Fertige Größe

- 16 cm hoch

Anleitung

Kopf und Körper

Mit Farbe A 2 Lm häkeln.

1. Runde: 6 fM in die 2. Lm von der Nadel (= 6 M).

2. Runde: 2 fM in jede M (= 12 M).

3. Runde: (1 fM, 2 fM in die nächste M) 6 x (= 18 M).

4. Runde: (2 fM, 2 fM in die nächste M) 6 x (= 24 M).

5. Runde: (3 fM, 2 fM in die nächste M) 6 x (= 30 M).

6. Runde: (4 fM, 2 fM in die nächste M) 6 x (= 36 M).

7.–12. Runde: 1 fM in jede M.

Die Sicherheitsaugen zwischen der 9. und 10. Runde mit 6 M Abstand anbringen. Zu Farbe B wechseln und den Faden von Farbe A abschneiden.

13. Runde: 1 fM in jede M.

14. und 15. Runde: *1 hReliefStb, 1 vReliefStb, ab * fortlaufend wdh (siehe Seite 10–13 die Anleitung für die Reliefstäbchen).

16.–21. Runde: 1 fM in jede M.

Zu Farbe A wechseln, den Faden von Farbe B abschneiden.

22. und 23. Runde: 1 fM in jede M.

24. Runde: (4 fM, 2 fM zus) 6 x (= 30 M).

25. Runde: (3 fM, 2 fM zus) 6 x (= 24 M).

26. Runde: (2 fM, 2 fM zus) 6 x (= 18 M).

27. Runde: (1 fM, 2 fM zus) 6 x (= 12 M).

Den Körper ausstopfen.

28. Runde: (2 fM zus) 6 x (= 6 M).

Abmaschen und die Öffnung schließen.

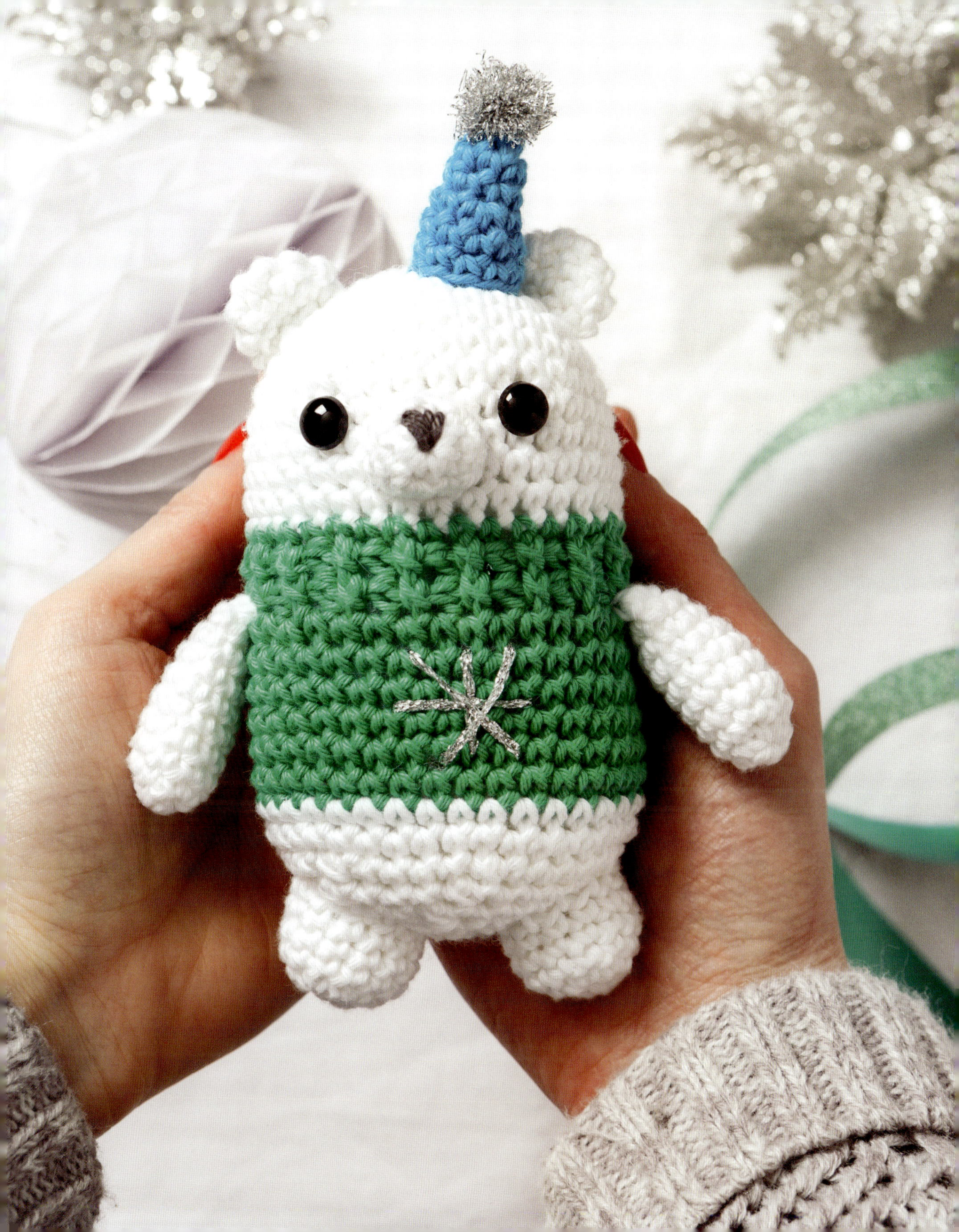

Nase

Mit Farbe A 2 Lm häkeln.

1. Runde: 6 fM in die 2. M von der Nadel (= 6 M).

2. Runde: (1 fM, 2 fM in die nächste M) 3 x (= 9 M).

3. Runde: 1 fM in jede M.

Abmaschen und den Faden zum Annähen an den Kopf lang hängen lassen.

Ohr (2 x häkeln)

Mit Farbe A 2 Lm häkeln.

1. Runde: 6 fM in die 2. M von der Nadel (= 6 M).

2. Runde: (1 fM, 2 fM in die nächste M) 3 x (= 9 M).

3. Runde: 1 fM in jede M.

Abmaschen und den Faden zum Annähen an den Kopf lang hängen lassen.

Arm (2 x häkeln)

Mit Farbe A 2 Lm häkeln.

1. Runde: 6 fM in die 2. M von der Nadel (= 6 M).

2. Runde: (1 fM, 2 fM in die nächste M) 3 x (= 9 M).

3.–9. Runde: 1 fM in jede M.

Abmaschen und den Faden zum Annähen an den Körper lang hängen lassen.

Bein (2 x häkeln)

Mit Farbe A 2 Lm häkeln.

1. Runde: 6 fM in die 2. M von der Nadel (= 6 M).

2. Runde: 2 fM in jede M (= 12 M).

3.–5. Runde: 1 fM in jede M.

Abmaschen und den Faden zum Annähen an den Körper lang hängen lassen.

Hut

Mit Farbe C 2 Lm häkeln.

1. Runde: 6 fM in die 2. M von der Nadel (= 6 M).

2. und 3. Runde: 1 fM in jede M.

4. Runde: (1 fM, 2 fM in die nächste M) 3 x (= 9 M).

Abmaschen und den Faden zum Annähen an den Kopf lang hängen lassen.

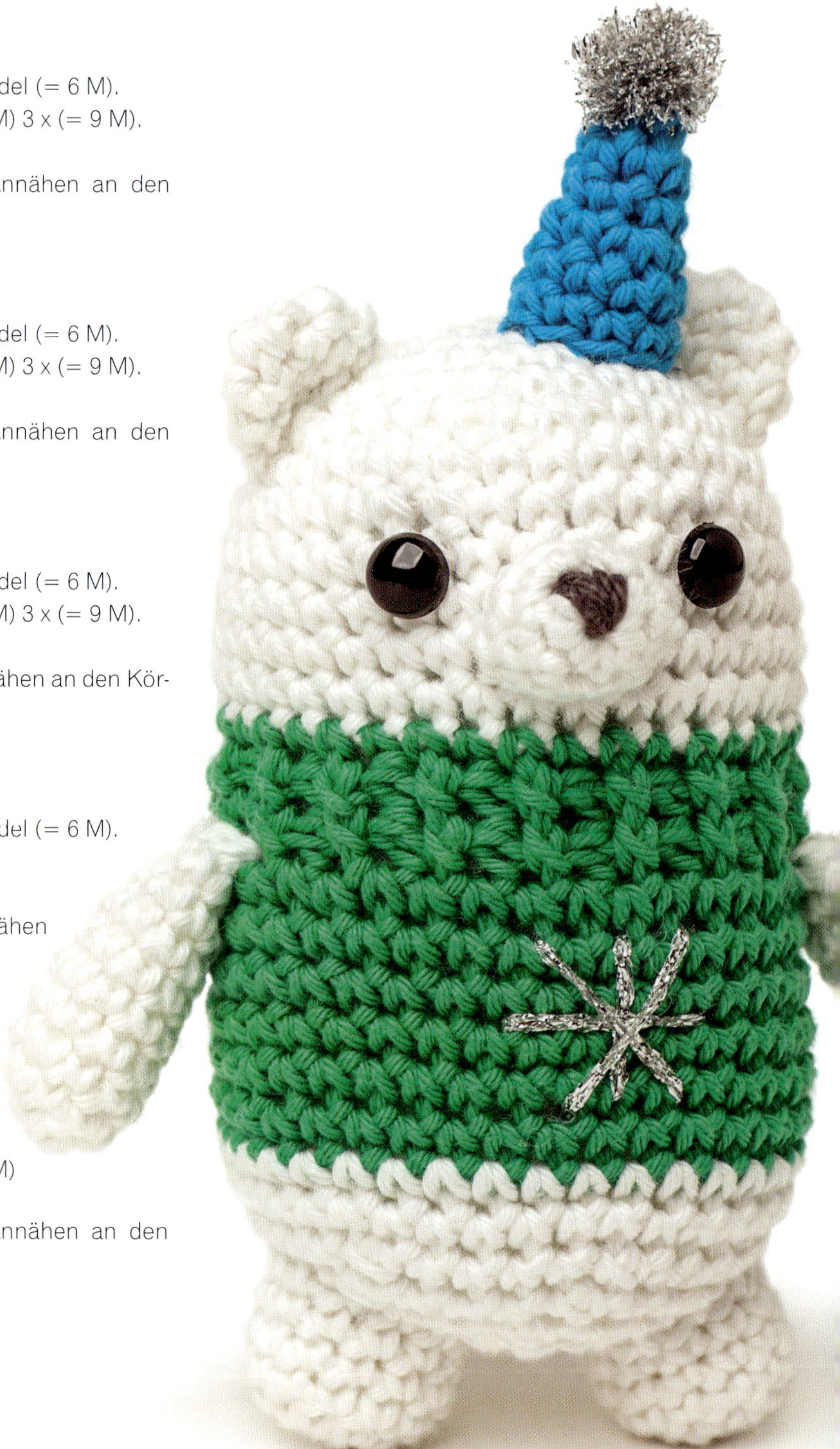

Fertigstellen

Die Ohren flach legen und an den Kopf nähen. Die Nase ausstopfen und an den Kopf nähen. Mit einem Faden in Farbe D die Nasenspitze aufsticken. Die Arme etwas ausstopfen, die Enden flach aufeinanderlegen und an den Körper nähen. Die Beine ausstopfen und an den Körper nähen. Mit einem Faden in Farbe E einen kleinen Pompon anfertigen und auf den Hut nähen. Den Hut ausstopfen und schräg auf den Kopf nähen. Mit einem Faden in Farbe E eine Schneeflocke vorne auf den Anzug des Eisbären sticken. Dafür zuerst mit zwei langen Stichen ein Kreuz und dann ein X darüber sticken.

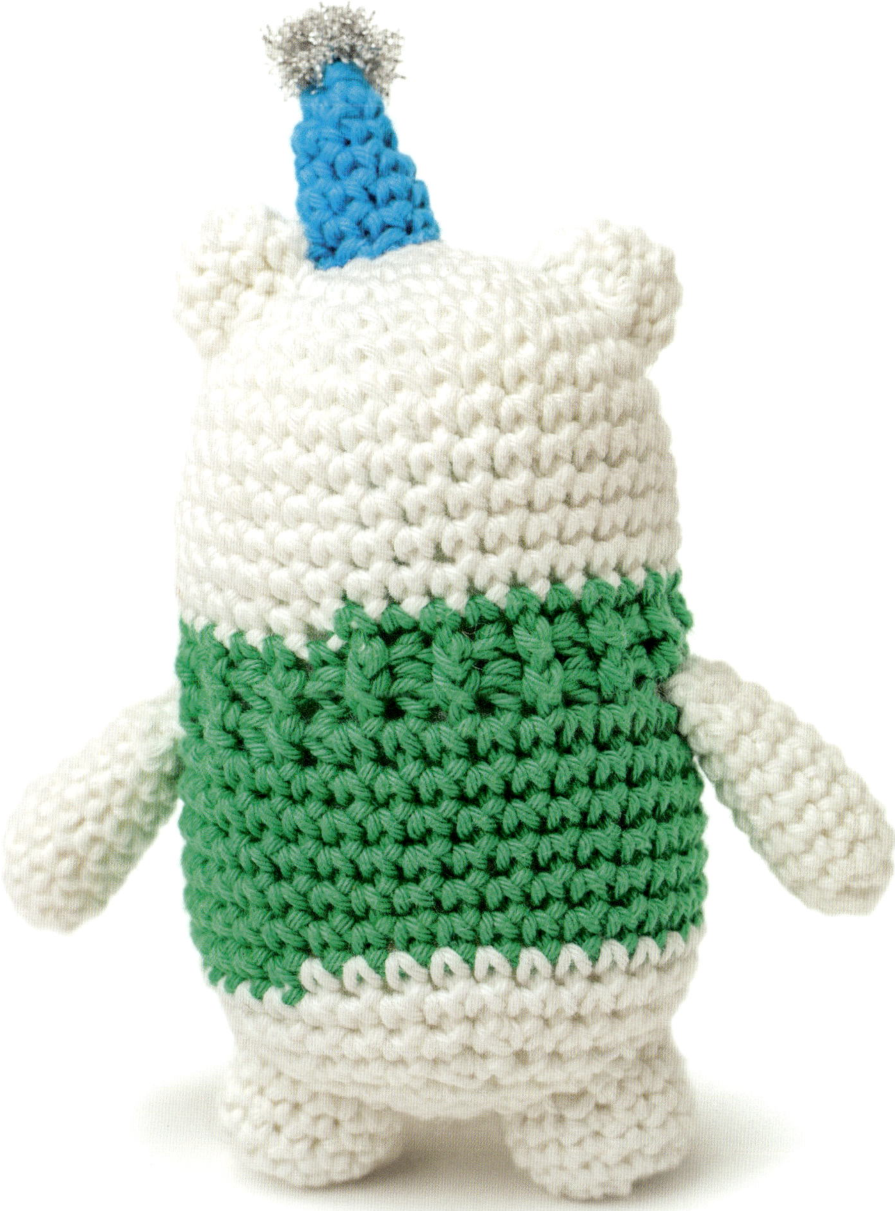

Abkürzungen

2 fM zus	2 feste Maschen zusammenhäkeln (abnehmen)
cm	Zentimeter
DStb	Doppelstäbchen
fM	feste Masche(n)
g	Gramm
hMg	hintere(s) Maschenglied(er)
hReliefStb	hinteres Reliefstäbchen
hStb	halbe(s) Stäbchen
Km	Kettmasche(n)
LL	Lauflänge
Lm	Luftmasche(n)
M	Masche(n)
m	Meter
mm	Millimeter
Stb	Stäbchen
U	Umschlag
vMg	vordere(s) Maschenglied(er)
vReliefStb	vorderes Reliefstäbchen
wdh	wiederholen

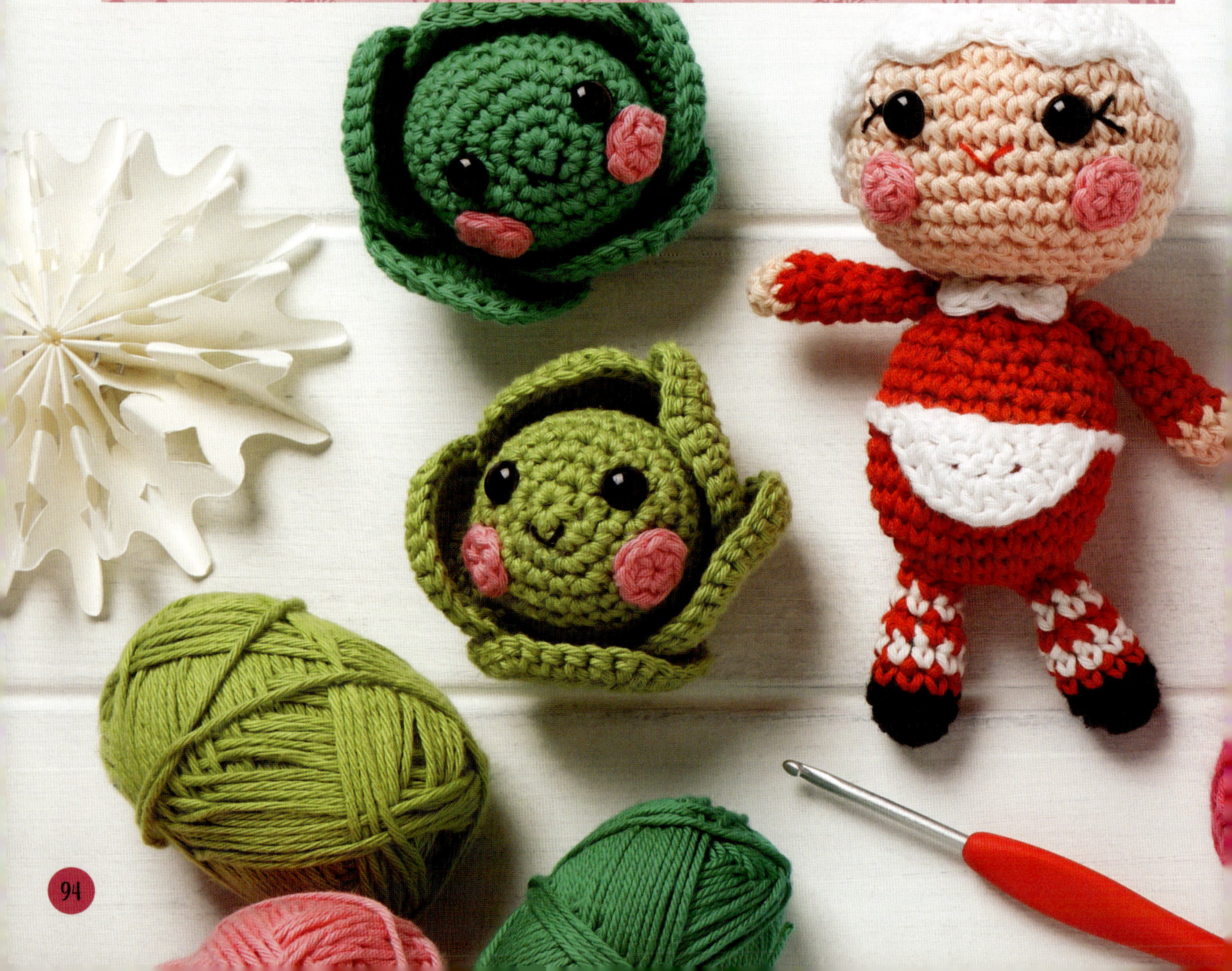

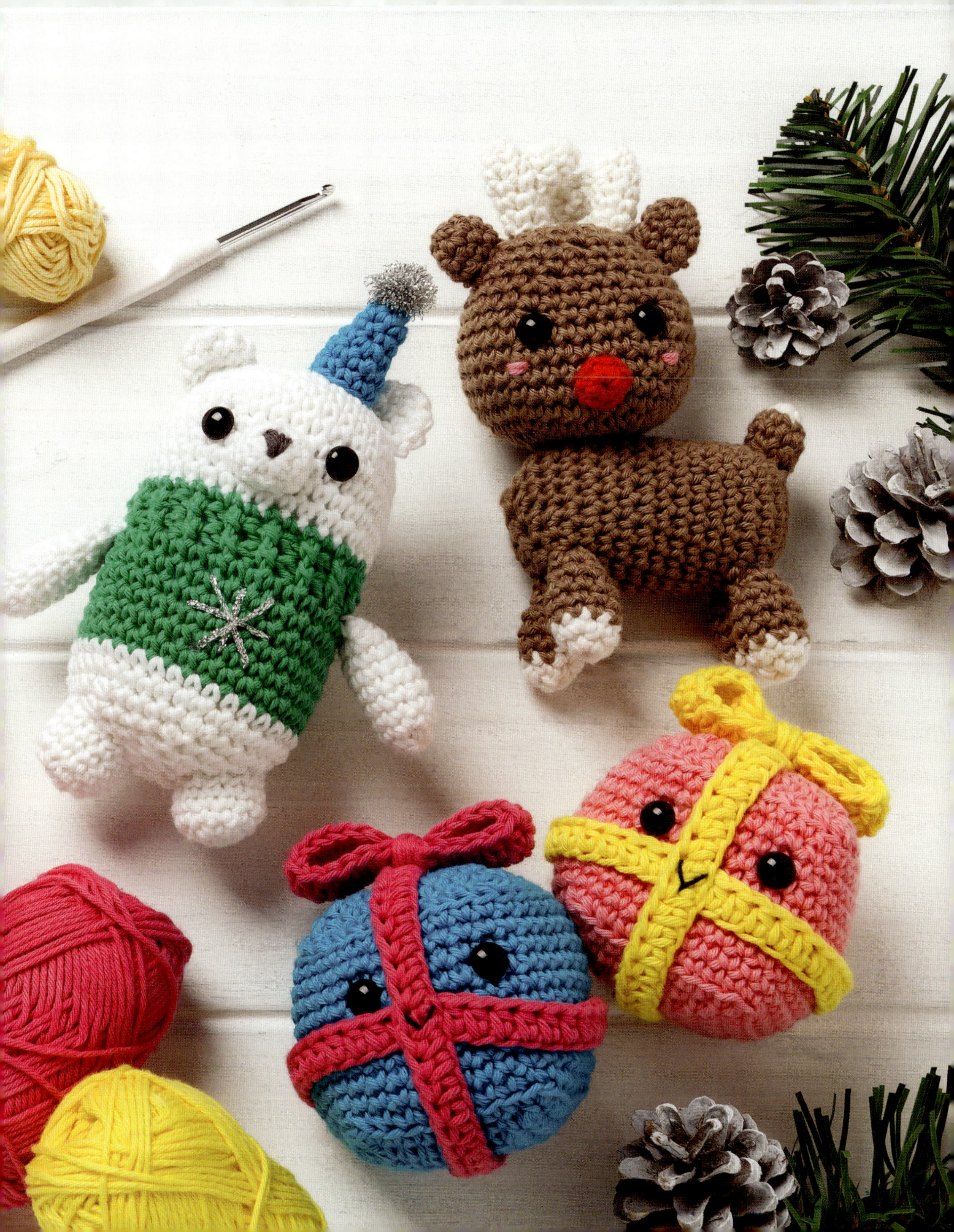

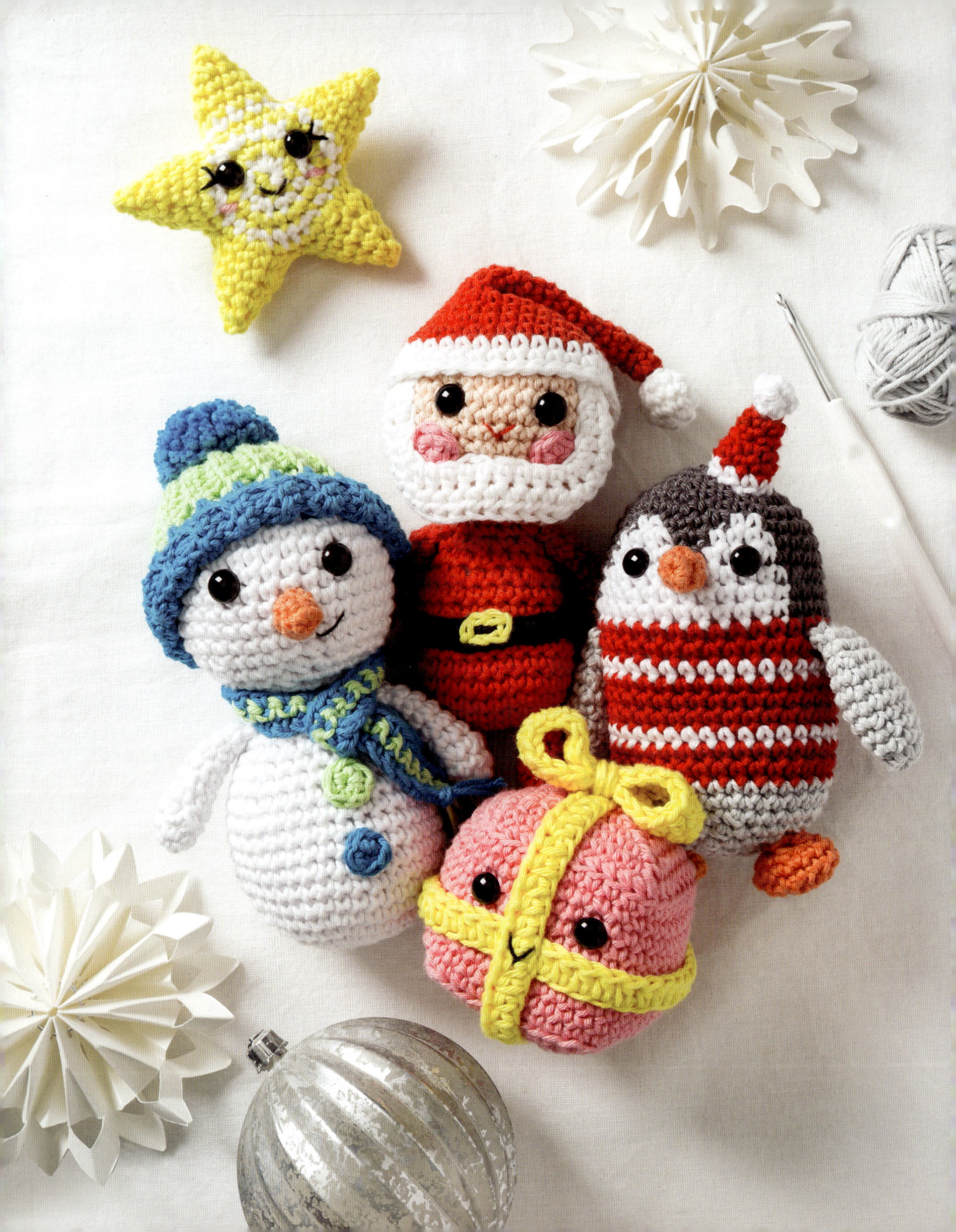